À Judicaëlle.

LA FRANCE INSOLITE

Claude Arz

Hachette

Sommaire

La Caverne sculptée
(CAHIERS DE L'INSOLITE)

La Maison de Celle-qui-Peint
(ARCHI-SCULPTEURS)

Les bois aux Créatures
(ARCHI-SCULPTEURS)

La Cathédrale
(ARCHI-SCULPTEURS)

Sommaire

Maison Picassiette
(LES GRANDS ANCÊTRES)

La Fabuloserie
(NOUVEAUX CABINETS DE CURIOSITÉ)

L'Aracine
(NOUVEAUX CABINETS DE CURIOSITÉ)

Sommaire

La Maison de Celle-qui-Peint
(ARCHI-SCULPTEURS)

Le Désert de Retz
(CAHIERS DE L'INSOLITE)

155 Les Hauts Lieux du Presque-Vrai

163 Les galeries d'art naturel

167 Les cahiers de l'Insolite

Les Divinités païennes
(ARCHI-SCULPTEURS)

CARTE DE SITUATION

1. Les Rochers sculptés
2. Le Palais Idéal du facteur Cheval
3. La Maison Picassiette
4. Le musée Robert Tatin
5. Ferme-musée Barret
6. Le Jardin de Nous-Deux
7. L'atelier Fernand Michel
8. L'atelier du peintre-conteur Lattier
9. La Grotte magique
10. Le Centre de Lucifugus
11. Musée imaginaire d'Augustin Trompe-l'Oeil
12. La Maison Couleur du temps
13. La Maison de Celle-qui-Peint
14. La Maison de Mariette
15. La Ruche de Ris-Orangis
16. Les bois aux Créatures
17. La Cathédrale
18. Les Divinités païennes
19. Les Granites du Grand Tout
20. L'Hélice terrestre
21. Le Jardin de Pierre
22. Le Village d'art préludien
23. L'atelier-musée Raymond Reynaud
24. Curios et Mirabilia
25. L'Aracine
26. Art cru muséum
27. Musée des Art forains
28. Centre de l'Imaginaire arthurien
29. Centre d'archéologie pessinoise
30. La Fabuloserie
31. Musée Fragonard
32. Musée des Graffiti historiques
33. Le musée de l'Insolite
34. Musée rural des Arts populaires
35. Le Petit musée du Bizarre
36. Création franche
37. La Caverne sculptée

PRÉFACE

CRÉATEURS SINGULIERS : L'ART MAGIQUE DE L'AN 2000 ?

Il existe en France une longue tradition d'intérêt pour l'art insolite, le bizarre, la création hors-norme. Sans remonter jusqu'à Baudelaire ni même aux romantiques, on constate tout au long du XXe siècle une curiosité soutenue pour les marges les plus étranges de la culture esthétique officielle : « l'art des fous », d'abord collectionné par les psychiatres ; puis l'art naïf, l'art magique ou l'art médiumnique, ainsi que toutes les formes du fantastique ou de l'automatisme créateur, systématiquement recherchées par les surréalistes ; enfin « l'art brut » des délirants ou des autodidactes inspirés, défini et répertorié par Jean Dubuffet. Sans parler bien sûr de l'art exotique des sociétés « primitives », dont les premiers amateurs furent les artistes du début du siècle.

Pour les années plus récentes, c'est une exposition qu'il faudrait citer, événement majeur qui fit d'autant plus date qu'il était plus inattendu : l'exposition des « Singuliers de l'art », organisée au musée d'Art moderne de la Ville de Paris par Suzanne Pagé, avec la complicité de deux passionnés d'art populaire « hors-les-normes », un écrivain, Michel Ragon et l'architecte collectionneur Alain Bourbonnais, qui acceptait de présenter au public l'essentiel de ses découvertes. C'était en 1978, à la fin de ces années 70 un peu mythiques, qui avaient vu naître, parallèlement à la contestation, un véritable culte de la marginalité, suite du choc symbolique de Mai 68, et de l'émergence d'une conscience nouvelle à l'échelle de toute une génération. Dans son halo d'utopie, d'inspiration fortement californienne, la vraie vie semblait alors « underground », souterraine.

Je venais moi-même, à l'époque, de terminer un livre avec Chomo, marginal inspiré s'il en est, ayant découvert son œuvre (et son discours !) quelques années plus tôt, dans son Village d'art préludien de la forêt de Fontainebleau, à la lisière de laquelle j'habitais. Lui aussi, au musée d'Art moderne, était représenté, sous la forme d'un audiovisuel de Claude et Clovis Prévost, dont le travail faisait découvrir d'autres environnements extraordinaires. Je ressens encore aujourd'hui le choc du public découvrant, par les centaines d'œuvres exposées, les installations, les photographies, les films, la prolifération inventive de tous ces auteurs anonymes (dont la plupart d'ailleurs ne se prenaient même pas pour des artistes !), prenant conscience surtout, comme une révélation, que parallèlement à l'art « officiel » existait autre chose, tout un continent de création illimitée à découvrir. Pour une fois on sortait du musée, comme sous le coup d'une stimulation urgente, pris du désir, soi aussi, de se mettre à l'ouvrage, tant l'énergie créatrice rassemblée dans ce lieu avait un puissant pouvoir de contagion.

Aujourd'hui, quinze ans après, il existe en France, et même au-delà, en Angleterre, en Amérique, à une échelle quasi internationale, une véritable mouvance de l'art singulier, réseau informel de rencontres, d'adresses, de publications à la géographie elle-même insolite et compliquée. Des lieux se sont ouverts pour présenter des collections. De plus en plus éloigné de sa référence à l'art brut de Dubuffet, appellation savamment

Préface

contrôlée, l'art singulier a pris ici ou là toutes sortes de dénominations : art visionnaire, intuitif, hors-les-normes, création franche, autodidacte ou spontanée. Quoi que l'on fasse pourtant, les inspirés du bord des routes, irréguliers de l'art et autres bâtisseurs de l'imaginaire, toujours étonnants, marginaux, inclassables, portent difficilement les étiquettes. Aux États-Unis, un nouveau concept a fait fortune : celui d'art « outsider », forgé dans un livre célèbre par l'universitaire anglais Roger Cardinal en 1972.

C'est toute cette constellation, mal connue encore, d'un art véritablement hors-circuit que vous allez retrouver dans ces pages, rassemblée, parcourue, imaginée par un écrivain voyageur, vrai reporter de l'étrange, arrivé à son heure et par ses voies propres dans le petit monde parallèle des Singuliers. Claude Arz n'est pas un débutant : poète avant tout, fasciné par les symboles et le mystère, inspiré visionnaire lui-même, et passablement insolite à ses heures, il éprouve un penchant naturel pour l'obscur, l'occulte, le provoquant, le « dark side of the road », versant refoulé des sentiers de la création. On sent bien qu'il aimerait croire au retour de l'alchimie, au pouvoir des astres, à la résurrection des esprits, mais si ses diableries ne nous font pas peur, c'est qu'il les fait tout droit sortir de leur vrai univers, l'inconscient, le rêve, l'imaginaire.

Comme tous les amateurs, il a refait pour vous le parcours des « classiques ». Mais il vous fera connaître aussi de nouveaux créateurs : à Sénas, l'atelier singulier de Raymond Raynaud ; Gérard Lattier, le Nîmois montreur d'images ; Danielle Jacqui et sa « Maison de Celle-qui-Peint», à Roquevaire. Vous découvrirez aussi la Maison de Mariette, refuge de curieux reliquaires et ex-voto, Pierre Rapeau, qui peint sur le tronc des arbres leur visage caché, l'hélice troglodyte de Warminski ou les « Divinités païennes » de Lagadec, autre Vulcain des environs de Paris. Sans oublier quelques mystiques sauvages, qu'Arz semble affectionner particulièrement : René Raoult et sa forêt de totems, en Bretagne, ou Linard dans sa cathédrale de mosaïque et de verre.

Que le choix de Claude Arz soit éclectique, qu'il mélange à souhait le passé et le présent, l'art véritable ou la simple curiosité, de vrais primitifs et des artistes plus savants (quelle science dans la civilisation imaginaire de Marc Pessin par exemple !), faut-il lui en faire le reproche ou l'en féliciter ? La vie elle-même est du côté du mélange. Quand j'ai découvert Chomo, les « Singuliers » étaient encore objet de mépris ou faisaient rire. La foi qui les anime passait pour naïveté ou folie. Aujourd'hui on irait plutôt chez eux prendre des leçons. Annoncent-ils un « New Age », comme le voudrait Claude Arz, ou un nouveau Moyen Âge ? Pour ma part, c'est leur authenticité qui me touche, leur incroyable pouvoir d'invention, et leur courage à braver l'éphémère. Certains de ces lieux pourtant, et la mémoire de ceux qui les habitent, ne pourraient-ils pas constituer un jour de nouvelles racines pour un nouveau millénaire ? Encore faudrait-il savoir les respecter et, dès à présent, convaincre les autorités compétentes d'en assurer la sauvegarde de toute urgence.

Laurent Danchin

VOYAGE INSOLITE EN FRANCE

La première fois que j'ai rencontré un archi-sculpteur, un de ces artistes singuliers, secrets et mystiques, je devais avoir trente-cinq ans. Son adresse m'avait été donnée par des passionnés d'art brut, je devrais dire glissée à l'oreille, comme une confidence merveilleuse et rare. Je m'étais donc retrouvé un matin de mars dans la campagne bretonne du côté de Paimpol, parmi les landes et les genêts. René Raoult, un homme de la terre aux longs cheveux blancs, m'attendait silencieux, l'œil scrutateur. Il me guida dans son Église à ciel ouvert. Il y avait là, disposés en arc de cercle, dix-neuf totems hiératiques, les visages anguleux, les bouches charnues, les corps torsadés, comme un lointain écho des entrelacs celtiques. Assis sur l'herbe au pied de ses totems, René Raoult parla avec douceur du ciel et de la terre, de l'enseignement initiatique d'un vieux sabotier, Tonton Jean, et de sa maison spirituelle, son Église. Pendant une journée entière j'écoutai cet homme raconter l'histoire de son temple totémique, nommer et décrire les hautes statues comme des aiguilles magiques reliant la terre et les étoiles. Je sentais une fraternité quasi charnelle entre lui et les totems qui plongeaient leur regard dans l'épaisseur des bois environnants. Il tenait entre ses doigts une petite pierre percée. Il me dit : « C'est le trou du monde. Les pierres racontent l'histoire des hommes. » Une phrase d'un Indien sioux, Tatanka Ohitika, me revint en mémoire : « Toute ma vie je suis resté fidèle aux pierres sacrées ». Une étonnante correspondance d'idées et de philosophie naturelle. Autour d'un feu de brindilles, René Raoult m'expliqua, ému, son désir de se relier aux forces cosmiques. La brume étouffait ses paroles, estompait les hautes silhouettes des statues. J'avais bien couru, quand j'étais enfant, sur les têtes de pirates que l'abbé Fouré avait sculptées sur les falaises granitiques de Rothéneuf mais c'était la première fois que je voyais en chair et en os un de ces inspirés de l'art qui faisaient hausser les épaules aux esprits sérieux. Ce fut une révélation. L'idée que l'art pouvait surgir des mains d'un guérisseur de campagne, d'un ancien manœuvre, un autodidacte, était pour moi le dévoilement d'un continent mystérieux, prélogique, instinctif.

COMMENÇA ALORS UN VOYAGE EXTRAVAGANT aux frontières de l'art. Un voyage subjectif. Je me mis à rêver avec nostalgie et regret à tous ces artistes insoumis au conformisme de leur époque, ces Grands Ancêtres d'origine populaire dont subsistent encore aujourd'hui les fantaisies architecturales souvent déconcertantes, toujours délirantes, métissées, spontanées. Je décidai de remonter le temps des Bizarres. La première étape de ce pèlerinage fut bien sûr celle du Palais Idéal du légendaire facteur Cheval, l'incontournable bâtisseur d'une résidence intemporelle. Un peu rigide, un peu froid, à cause peut-être de cette volonté têtue de faire aussi bien que les architectes classiques, « le palais des Fées » demeure la figure emblématique de tous les archi-sculpteurs. Au pied des belvédères pharaoniques, j'ai senti l'obstination d'un homme qui voulait édifier les populations, sauver peut-être l'humanité, jetant sur les façades sarrasines des messages rappelant l'éphémère de nos existences : « Souviens-toi, homme, que tu n'es que poussière. Ton âme seule, est immortelle ». Ce qui surprend enfin c'est sa conscience sociale, rebelle, lucide. Dans un de ses cahiers, je lirai plus tard : « Tout ce que tu vois passant/ Est l'œuvre d'un paysan/ D'un songe j'ai sorti/ La reine du monde ». Un défi au temps, à la société, aux Beaux-Arts, à sa famille pour ce petit homme qui poussera pendant vingt ans une brouette remplie de cailloux.

QUELQUES MOIS PLUS TARD, JE VISITAI la Maison Picassiette, l'émouvant F3 de Raymond Isidore, incrusté de bouts de vaisselle. C'était un dimanche matin de mai. Il y avait des enfants qui sautillaient sur les mosaïques multicolores de l'entrée, s'esclaffant devant les façades ruisselantes de bleu, de jaune, de vert. Le jeune guide me raconta avec détails l'histoire de ce balayeur de cimetière qui, souffrant de sa condition sociale, décida après la guerre de bâtir un petit palais pour sa famille, utilisant des débris d'assiettes qu'il enchâssait sur les murs. Je me faufilai dans sa chapelle tatouée d'un inquiétant Christ noir, je m'assis dans le fauteuil où « le rêveur d'éternité » aimait se reposer, je me recueillis dans la grotte nimbée de lumière céleste. Plus qu'une maison décorée, un ermitage moderne coincé entre des pavillons et des jardins d'ouvrier. Le charme se rompit quand un car de personnes âgées s'arrêta. Une nouvelle visite commença et je repartis un peu plus vers l'ouest, m'arrêtant en milieu d'après-midi chez Tatin le surréaliste. Dans le cloître éclaboussé de soleil, je m'inventai une rencontre improbable avec le Noé du bocage mayennais, celui désigné par André Breton comme ayant « la charge de réveiller toutes les Dames des fontaines de vie. » Mort en 1982, son fantôme hante toujours sa forteresse qu'il avait conçue comme une oasis, une enclave artistique pour les poètes et les peintres. Une forteresse qui surgit aujourd'hui comme un diable au-dessus des arbres, au milieu des vaches et des fougères. Une arche fantasmagorique hérissée de dragons, de portails géants et de constructions cyclopéennes aux murailles de ciment peint, qui attire les promeneurs du dimanche et les aventuriers de l'art insolite d'Afrique et d'Amérique. Quand je parcourus l'Arche de Tatin, un flot d'images fulgurantes m'envahit, celles de Mégara et des jardins d'Hamilcar, de Tlön Uqbar de Borgès et des cités cosmiques de Dune. Des souvenirs littéraires, qui revenaient pêle-mêle à la surface. J'imaginais le bâtisseur de la forteresse, Robert Tatin, prophétisant au milieu de son chantier, racontant aux curieux la genèse de son œuvre. Selon les témoins de l'époque, ce fils de bonimenteur envoûtait son auditoire d'étudiants et de touristes ébahis, chantant au soleil couchant les aventures de Notre-Dame-Tout-le-Monde et de la Porte du Soleil, histoire, disait-il, de retrouver les esprits de la terre et de respirer « le bruissement mythologique ».

L'ANNÉE SUIVANTE, J'ALLAIS DÉCOUVRIR des artistes moins illustres comme l'énigmatique Barret, agriculteur le jour, faiseur de golems en argile la nuit. La rencontre avec ce site est exemplaire. C'est Madeleine Lommel, la conservatrice de l'Aracine, musée d'Art brut de Neuilly-sur-Marne, qui me montra un paquet de photos jaunies qu'un de ses correspondants lui avaient transmis, des photos qui révélaient une faune de monstres dormant dans une grange. Quelques semaines plus tard, je sonnai chez le fameux correspondant, Jean Vircoulon, un marchand de vélos et d'articles de pêche de Sainte-Foy-la-Grande. Un historien érudit aussi, qui me conduisit sur le champ à la ferme Barret. Ce fut un choc. Le cabinet d'un docteur Caligari libournais. Les monstres d'argile, orphelins depuis la mort de leur créateur, somnolaient dans la demi-obscurité de la grange. Mon guide me fit remarquer avec émotion que les statues craquelaient. L'argile crue se décomposait. L'oubli s'était installé.

C'est un peu par hasard que je suis tombé sur Charles Billy. Un coup de téléphone m'avait prévenu qu'un drôle de bonhomme du côté de Lyon plantait des tours et des murailles dans son jardin. « Vous verrez, il a la classe, le vieux », m'avait dit le correspondant anonyme. Le lendemain matin, le 8 mai 1989, je rencontrai Charles Billy. C'était un ancien ouvrier devenu géographe de l'art. Il avait édifié pendant plus de vingt ans, autour de son pavillon, des châteaux, des églises, des temples visités lors de ses voyages lointains. Une sorte d'album de vacances en relief qu'il dédiait par amour à sa femme Pauline. Je le revois exubérant, volubile, marchant de long en large entre le temple du Zodiaque et le château de Piedanleau, racontant l'origine de ses constructions fantastiques. Il préparait un voyage en Inde lorsqu'il mourut sur son chantier, le 4 septembre 1991. Avec lui disparut un des derniers représentants des jardiniers de l'art brut. Un homme chaleureux, attachant, conteur infatigable.

Je poursuivis mon voyage insolite à travers la France, guidé par une connaissance intuitive. Par curiosité aussi, par simple désir de fureter, de vagabonder comme les moines gyrovagues, et puis toujours avec l'espoir secret de démasquer au coin d'une petite route, d'une sente forestière, le chef-d'œuvre, l'environnement frénétique et précieux, qui aurait grandi à l'abri de la lumière. Découvrir aussi la raison profonde, le secret qui poussait tous ces anonymes à travailler la matière comme de vrais artistes, à l'abri des médias et du marché de l'art. Comprendre ces entreprises monomaniaques et la persévérance de ces hommes à édifier des structures grotesques et humoristiques, inquiétantes, délirantes, contre vents et marées, contre les moqueries et les jalousies des voisins, l'incompréhension de la famille parfois. Des solitaires qui faisaient une œuvre de leur vie, qui organisaient leur existence autour de créations obnubilatoires.

Je suis descendu ainsi sans trop de précautions dans les caves de l'art et de l'architecture, et j'ai trouvé des coffres de fêtes foraines bourrés de têtes grotesques, de statues d'anges et de diables, de visages griffonnés. Le bouche à oreille fonctionna dans cette quête un peu folle. Un simple arrêt dans un petit café de village et le tour était joué. « Ah, le fada! », me disait le patron du bistrot, et un client me guidait au fond d'un bois à la découverte d'un ermite qui avait planté des mausolées autour de sa maison de bois. Et des « fadas », il y en avait partout. Je rencontrai petit à petit un peuple de nouveaux primitifs qui campaient aux frontières des mégalopoles.

Voyage insolite en France

Un vrai phénomène de société. Pourtant quelque chose m'intriguait. Ces artistes œuvraient souvent de manière clandestine, se confiant avec réticence. Je compulsai fiévreusement les guides dans les bibliothèques, les librairies de quartier, pour situer géographiquement ces habitants-paysagistes mais je ne trouvai presque rien. Rares étaient ceux qui y étaient répertoriés.

Au fil des mois, j'ai découvert un territoire insoupçonné, une France parallèle, grouillante d'artistes obscurs, bizarres, comme un réseau de nouveaux inspirés. À la première génération d'art-brutistes, héroïque, souffrante, anonyme, qui avait creusé les souterrains de l'art, révélée dans les années cinquante par Jean Dubuffet et André Breton, a succédé une nouvelle famille plus insolente. Ils sont plus jeunes, audacieux, souvent décalés, ayant exercé de nombreux métiers, vécu quelquefois au cœur des villes, la cervelle attisée par des rêves mythique, se nourrissant d' archétypes planétaires. Inutile de préciser qu'ils ne roulent pas sur l'or. Ils cherchent leurs matériaux de base sur les plages, dans les forêts, les surplus industriels, les poubelles et les décharges publiques. C'est du plastique, du papier, mais aussi des os, du bois et de la pierre. Ils peignent, assemblent, sculptent sans complexes, avec fraîcheur. Ils glorifient la nature. Ils sont mystiques, excentriques, art-brutistes, instinctifs naviguant sur les traces de Chaissac et du glorieux Chomo. Un peuple d illuminés de l'art est né sans qu'on le sache, sans doute en réaction à la tumultueuse révolution technologique et urbaine. Bravant tabous et sarcasmes, ils constellent les prairies, les bois, les zones incultes de fantaisies architecturales, de musées imaginaires, satisfaisant leurs fantasmes les plus insensés. Osant montrer au monde la part maudite qui nous habite. Comme un miroir déformé de nos anges et démons intérieurs. J'y devine même des correspondances avec les fougueuses entreprises urbaines des graffito-peintres, de Combas, de Basquiat et de Keith Haring.

Au fond des bois périgourdins, j'ai couru un soir de juillet au côté de Pierre Rapeau le dendrographe, le maquilleur de la nature, le grimeur d'arbres, celui qui peuple de créatures, depuis dix ans, les sous-bois d'Abjat, effrayant les petits enfants, agaçant les chasseurs de sangliers. J'ai vu au crépuscule les derniers rayons du soleil venir mourir sur le visage mélancolique de *La Belle Endormie*. J'ai senti les yeux des dryades et des licornes tatoués sur les écorces nous épier. Pierre Rapeau caressait avec tendresse les visages graffités dans la pierre et le bois, un poème flottant sur les lèvres. Sans le savoir, il avait suivi les traces d'Hamisch Fulton et de Richard Long, transformant le paysage en palimpseste végétal.

Un autre jour, j'ai suivi Chop, le zoographe rural, dans sa maison auvergnate Couleur du Temps, aux façades couvertes de chandeliers ailés, d'yeux rieurs et d'horloges. Je l'entends encore me dire, un sourire sur les lèvres, qu'un paysan voisin lui avait lancé un jour que le scarabée peint sur sa porte « faisait tourner le lait des vaches ». Une excentricité poétique qui se prolonge à l'intérieur de la maison où chaque pièce est dédiée à l'esprit d'une saison. Chop le dandy qui couche à la nuit tombante des mannequins de femmes dans l'herbe des sous-bois pour faire au matin de ces femmes de plastique pailletées de rosée des photos libertines et décadentes. Vers midi, des cars arrivèrent, dégorgeant des cohortes de touristes venus d'Alsace et du Pays Basque pour visiter la maison métaphysique. Le courtisan du rêve se transforma l'espace d'une heure en bateleur rigolard.

EN DÉCEMBRE 1992, je croisai Gérard Lattier. Dans son mas perdu dans la garrigue au nord de Poulx, il réinvente les montreurs d'images de la Renaissance, racontant de ville en ville des histoires peintes et écrites, des histoires de larmes et de sang, d'humour et d'aventures occitanes, sous forme de gouaches aux couleurs crues. Je l'ai écouté tout un après-midi, son gros chat sur les genoux, roucouler le cycle inquiétant de la Bête du Gévaudan. Cette nuit-là, un orage éclata. Je fis des rêves de « gallines » et de « bestiasses » trottinant dans la garrigue.

ET COMBIEN D'AUTRES, TOUS MORDUS de la ferraille ou compulsifs des déchets industriels, rôdant comme Bodan Litnanski et Raymond Reynaud dans les décharges publiques, détournant fiévreusement dans leurs ateliers la fonction des objets, les sublimant, les transformant en totems ou en assemblages métalliques, en œuvres sauvages, vengeresses, cruelles ?

À CES RENCONTRES ÉTONNANTES se sont ajoutées de brillantes émotions esthétiques. Je pense au potier Jean Linard, le nouveau bâtisseur de cathédrale qui, à l'image des sculpteurs médiévaux, a posé sur le gazon de sa prairie des dizaines de volumes de céramique symbolisant une cathédrale moderne. Sa façon de rendre hommage à Dieu, de lui exprimer sa foi à travers les émaux et le verre. Je pense aussi à l'architecte Jacques Warminski, fondateur d'une Hélice terrestre dans les troglos du Saumurois. Cinq ans à creuser le tuffeau, à modeler des formes pour que le corps des visiteurs épouse les volumes et que la terre devienne charnelle. À l'ombre des labyrinthes, à la fraîcheur des grottes, correspond la lumière et la chaleur de l'Amphi-Sculpture. Je suis resté un jour et une nuit dans l'espace de Warminski. C'est un hercule de la terre. À la différence des artistes du Land Art, il travaille dans la durée. Quand le soleil s'est levé sur l'Amphi-Sculpture, vaste gradin ouvert à l'air libre, une phrase de James Turrel m'est revenue à la mémoire, à propos de son Roden Crater, sorte de vaste pyramide édifiée en plein désert de l'Arizona : « Dans ce projet, je trouvais intéressant d'ajouter à la beauté naturelle du site l'artifice culturel, l'art. » Un projet similaire chez Warminski, plus modeste sans doute mais aussi lumineux, aussi abstrait.

JE PENSE À D'AUTRES ARTISTES aux œuvres moins spectaculaires, plus intimistes comme Fernand Michel qui lit des paysages dans les veines bleues du zinc, ou plus inquiétants comme Robert Le Lagadec qui sculpte depuis vingt ans dans des vieilles tôles rouillées des Divinités païennes afin, dit-il, de « laisser une trace de métal » derrière lui.

DES ENVIRONNEMENTS, DES PEINTRES AUSSI. Une femme surtout, Danielle Jacqui qui a pris les façades de sa maison de Pont-de-l'Étoile comme surface d'exposition pour ses tableaux jubilatoires et ses poèmes bariolés. Une femme dans un univers de singuliers dominé comme ailleurs par les hommes. Elle n'est plus la seule car les femmes s'affichent désormais. Avec Mariette qui, dans sa maison de Saint-Laurent-du-Pont, expose ses ex-voto, ses momies emmaillotées et son jeu du mauvais œil, n'inaugure-t-elle pas une nouvelle étape de l'art des intuitives ?

CERTAINS SOIRS, installé pour un ou deux jours dans un hôtel genre relais des voyageurs, je feuilletais avec gourmandise des petites revues qui, mises bout à bout, formaient un véritable réseau d'amateurs d'environnements insolites. Compulsant ces brèves biographies, je parcourais un fragment de l'histoire française de l'art brut. Il existait donc des chercheurs d'art insolite, détaillant la vie de ces génies ordinaires. Il y avait la tribu Ozenda, le groupe Gazogène, la confrérie Création franche et les Friches de l'Art. Des défenseurs bénévoles des instinctifs. Je n'étais pas toujours d'accord avec les cris de guerre de certains d'entre eux contre l'art moderne, comme si les art-brutistes devait rédempter l'art, mais la foi des auteurs de ces mini-manifestes avait quelque chose de tonique, de généreux. Je pense à Joe Ryczko qui a imaginé « un lieu pour les friches de l'art. Un endroit où je donnerais rendez-vous aux singuliers, aux excentriques, aux zonards, aux francs-tireurs... Mon choix se porterait donc plutôt sur un havre champêtre où l'on ne montrerait que l'invendable, l'irrécupérable, le déraisonnable, l'inclassable... » Et pourtant, les refuges des Singuliers existent déjà. Certes moins radicaux que ceux de Ryczko. Il y a la Fabuloserie par exemple, fondée par Alain et Caroline Bourbonnais. Ils sillonnèrent les routes de France dans les années soixante à la recherche d'œuvres singulières, s'arrêtant au gré de leur fantaisie dans les fermes et les arrière-boutiques des villages. Leur enthousiasme les poussa à fonder la galerie Jacob et puis, plus tard, la Fabuloserie, un des abris de l'art hors-norme français. Il y a aussi Candide qui arriva au lendemain de 68 en Ardèche, fouillant dans les fermes à l'abandon du Bas-Vivarais, accumulant vieux débris, racines sculptées, cannes de sorciers, lit sculpté. Une manière de faire du bizarre avec de l'ordinaire. Entre deux siestes, il ouvre son Petit musée du Bizarre envahi de racines torsadées et des sculptures rudes de Duplan. Il y a, bien sûr, Raymond Humbert (aujourd'hui décédé), l'illuminé de l'art populaire, le créateur du musée rural d'Art populaire de Laduz. Une affaire de famille, là aussi. Il partait au petit matin avec sa femme dans sa 2 CV chiner dans les foires aux brocantes, chez les ferrailleurs, dans les dépotoirs aux quatre coins de la France, des objets chargés de la mémoire des anciens et revenaient tard le soir attendus par leurs enfants qui déballaient impatiemment les nouveaux trésors. Il y a aujourd'hui Gérard Sendrey qui exhibe sur le site de la Création franche les pirates vivants de la Neuve Invention, Lacoste, Sanfourche, Pauzié, Chabaud. Tous des montreurs de curiosités, défricheurs de la culture populaire et des savoirs enfouis sous les sédiments de l'histoire industrielle.

CLAUDE ARZ

1er mai 1994

Les Grands Ancêtres

Des légendes comme le facteur Cheval, le souverain bâtisseur de Hauterives ou Picassiette, le jardinier mystique, des géographes de l'art comme Tatin ou Charles Billy, des sculpteurs de golems comme Barret, un enlumineur de pierre comme l'abbé Fouré. Une confrérie de créateurs hors-normes qui a constellé la France d'environnements d'une étrange étrangeté celle qui d'après Baudelaire « est le complément indispensable à toute beauté. »

Les Rochers sculptés

« J'ai vu dans la montagne un homme nu penché à une grande fenêtre.

Sa tête n'était qu'un grand trou,

une sorte de cavité circulaire où tour à tour

et suivant les heures du soleil la lune apparaissait. »

Antonin Arthaud, *Les Tarahumaras*.

La mer est mauvaise, des vagues puissantes battent les falaises. Une silhouette noire court entre des rochers à têtes de corsaires. C'est un prêtre, les traits burinés par le vent d'ouest. Il s'arrête, caresse la joue d'un veau marin. L'image s'estompe. Ce n'était qu'un simple reflet du passé. Le fantôme de l'abbé Fouré, l'enlumineur de rochers.

L'histoire commence à la fin du XIXe siècle. Un curé breton, l'abbé Fouré, atteint gravement par une hémiplégie, se retire du monde pour mâchonner la parole de Dieu au bord de la Manche, tout près de Saint-Malo, et sculpter dans les rochers la terrible histoire de la famille des Rothéneuf, corsaires de père en fils sous le règne de François Ier. Au début, l'« Ermite de la Haute-Folie », comme il se désignait lui-même sur les cartes postales qu'il éditait, voulait réaliser un catalogue des vices pour montrer à ses fidèles, à travers l'histoire des Rothéneuf, les dégâts de la haine, de la turpitude, du vol et de la jalousie. Et puis il se prendra au jeu, devenant au fil des ans une sorte d'artiste brut, pitonnant le granite du matin au soir. Animé d'une foi brûlante en Dieu, il tailla, à l'aide d'un simple ciseau, d'un burin et d'un gros marteau, trois cents statues réparties sur une falaise de six cents mètres carrés offerte aux embruns. Au centre de cette singulière fresque de granite, M. de Rothéneuf, au pied duquel dorment des monstres marins surgis des ténèbres du cerveau à demi atrophié de l'abbé. Statufiées tout autour, les trognes des vieux loups de mer, amis ou ennemis de la famille des Rothéneuf, qui attendent dans leur silence de pierre l'arrivée des navires aux grandes voiles blanches, chargés de rhum, d'épices rares et d'étoffes précieuses. Ils sont tous là, Jean des Caulnes, dit l'Égyptien, le Séducteur, Le Guémereux, dit le Fakir, conseiller et astrologue de la famille, le Guetteur tenant le fanion des contrebandiers,

Les Rochers sculptés
Chemin des Rochers sculptés,
35400 Rothéneuf (5 km à l'est de Saint-Malo).
Tél : 99 56 97 64.

« Le Grand Pointu », un des membres de la famille des pirates Rothéneuf.

Gargantua, rieur commandant de la flotte, et bien sûr le Démon sortant des Enfers. Certains corsaires subissent les cruels châtiments de leurs péchés : Jacques Le Limoëlou est dévoré par un grand veau marin pour avoir sans doute voulu voler une part du butin, Madame de Rothéneuf, coupable d'adultère, est battue par son mari. Une façon métaphorique d'édifier les fidèles égarés sur les voies du blasphème ou de l'impiété. Les visages sont grimaçants, barbus, le front haut, les pommettes saillantes, les yeux malicieux. Le ciseau de l'abbé Fouré a suivi la morphologie de la pierre, précisant le relief des formes, ici le contour d'un visage et là celui d'un nez, déjà travaillés par les caprices de la nature, les vents et les vagues. Un symbolisme moralisateur enveloppe le sanctuaire de l'ermite. L'Égyptien évoque les saltimbanques des fêtes foraines, les Clowns la dérision, et Lucifer la tentation des lointaines expéditions.

À l'origine, les sculptures étaient polychromées de couleurs vives. Les tempêtes et le soleil les ont lentement grignotées.

Du vivant de l'abbé, l'ermitage était entouré de murailles et l'entrée gardée par une bannière ornée d'un dragon tenant une croix latine. Le porche, comme celui d'une église, était sculpté de têtes hilares et fantasques. Le dimanche, de nombreuses familles venaient se promener sur les grotesques de granite. Les enfants jouaient sur les corps enchevêtrés et les femmes venaient admirer le saint sculpteur qui trônait au milieu de la foule, assis sur un fauteuil gravé de sa devise énigmatique : « Amor et dolor ». Il avait même ouvert une Galerie infernale où il exposait ses sculptures en bois, poteaux totémiques, oiseaux de proie et saints glorieux. Une galerie qui brûlera mystérieusement en 1940.

Recherchant la surprise plutôt que la beauté, l'informe plutôt que la forme achevée, l'abbé Fouré exécuta sa folie de granite sculpté dans le silence et l'abnégation, soucieux de sauver le peuple des griffes du démon.

« Scène de ménage entre M. et Mme de Rothéneuf ».

À LIRE : *Les Mystérieux rochers de Rothéneuf*, Anatole Jakovsky, éditions Encre, 1979.

La Falaise sculptée

« Le seul souvenir qui me reste, depuis des siècles que je vis dans la pierre, est le doux contact de larmes sur un visage d'homme. »

Michel Bernanos, *La Montagne morte de la vie.*

Daniel Monnier

C'est à pied et en plein hiver que le sculpteur Daniel Monnier a découvert, en se promenant au bord du Lot, le site des falaises de Ganil, du nom d'un ancien meunier qui avait son moulin en amont. Ce fut le coup de foudre et le désir fou de sculpter la roche vive. Dès lors, une prodigieuse odyssée commence pour cet homme amoureux des grands espaces, qui, par deux fois, avait déjà voulu réaliser des sculptures à ciel ouvert, en Andalousie et au Québec. « J'aime travailler dehors », déclare cet homme d'une quarantaine d'années. « Je suis né en Afrique et je dois garder de ce continent l'amour de la nature et une certaine virginité. »

Muni d'autorisations préfectorales, il arrive à Bouziès l'été 1984 avec tout son matériel, qu'il transporte au moyen d'une barque à huit cents mètres du village, sur le chemin de halage, et qu'il stocke sous un pont. Déterminé, il commence à creuser la roche, un calcaire remontant à l'aube du jurassique. Au début, il dessine des cellules imbriquées les unes dans les autres. Puis, pour en faire ressortir les volumes, il commence à creuser entre elles de profonds sillons qui suivent le sens du fleuve. « Comme l'inspiration première de mon travail a pour thème le Lot et ses tourbillons qui se forment juste au pied des falaises, je me suis toujours appliqué, explique-t-il, à orienter mes coups de ciseau dans le sens du courant, afin d'imprimer sur la roche un mouvement qui puisse évoquer le plus parfaitement possible le cours de l'eau. »

Le bas-relief inscrit sur la falaise ouverte sur le Lot couvre aujourd'hui une surface de dix-huit mètres de long sur trois mètres de haut. Constellée de bêtes, d'oiseaux et de poissons, la falaise sculptée reflète les vagues et vaguelettes du Lot, le ciel et ses nuages, les traits du dessin donnant naissance à une bousculade de lignes qui épousent les tourbillons de la surface du fleuve. Recherche d'une harmonie entre le milieu naturel et l'art pour ce sculpteur qui pense que « la sculpture conduit l'homme à une recherche spirituelle, même à son insu. »

Une épitaphe enchâssée dans la falaise : « Une chose est sûre... avant que ce bas-relief ne s'effrite à nos pieds, j'ai quelques raisons de croire que les arrière-petits-fils de ceux nés aujourd'hui m'auront rejoint étendus face au ciel. » La falaise sculptée compose un collège de formes minérales à destination des générations futures, comme la marque d'un artiste errant de la fin du XXe siècle.

La Falaise sculptée
Accès : de Bouziès (46330), marcher sur une distance de 300 mètres le long du chemin de halage au bord du Lot.

Le Palais Idéal du facteur Cheval

« Où, dans quel temps, sous quelles latitudes,

dans quels parages pouvait bien se lever ce palais immense,

avec ses coupoles élancées dans la nue, ses colonnes phalliques,

ses piliers émergés d'un pavé miroitant et dur. »

Huysmans, *En rade*.

Joseph Ferdinand Cheval naquit à Charmes-sur-Herbasse d'une famille d'agriculteurs. Il fut tour à tour ouvrier-boulanger, agriculteur et enfin facteur aux postes d'Hauterives pendant plus de dix ans. Il devint à force de ténacité le plus célèbre archi-sculpteur du XXe siècle. Ce facteur rural faisait des tournées à pied de trente-deux kilomètres par jour, dans un secteur accidenté, mal desservi. Il bâtissait en marchant des châteaux d'illusion. Il écrivit en 1911 : « Je construisais en rêve un palais féerique ». Le rêve de chacun. Le trajet est dur. Il dort en route dans des granges de ferme. Catholique, il lira le Coran. Veuf, il se remaria.

Un jour, le 19 avril 1879, sur le chemin de Tersanne, entre bois et collines herbeuses, il heurte une pierre qui le déséquilibre. La pierre est de forme bizarre. Il la ramasse et la ramène chez lui. Il ne sait pas encore que la légende commence. À quarante ans, « ce grand équinoxe de la vie », il se sent investi d'une mission. Si la nature peut fabriquer des formes fantasques, pourquoi pas l'homme, pourquoi pas lui ? C'est le déclic, la fureur intérieure. Désormais, il ne se contentera plus de rêver, il sera l'ouvrier, l'architecte de son palais imaginaire. Facteur, il sera bâtisseur. Le « grand charroi » commence. Cheval dit : « Puisque la nature veut faire la sculpture, moi je ferai la maçonnerie et l'architecture. »

Le Palais Idéal du facteur Cheval
26390 Hauterives.
Tél : 75 68 81 19.

Sa silhouette légendaire s'est figée sur une carte postale. Il pousse sa « brouette bien-aimée » bourrée de galets et de fragments de rochers ramassés sur les

Les Trois Géants : César, Vercingétorix et Archimède gardent le Palais Idéal.

La facade Nord du Palais Idéal évoque des concrétions volcaniques sculptées par un Babylonien.

coteaux environnants. Il porte un tablier. Le regard est malicieux. Il se dirige vers son chantier hérissé de belvédères. Il travaille le jour mais aussi la nuit, à la chandelle ou à la lumière de la lune. La façade est soutenue par trois silhouettes historiques, trois totems : César, Vercingétorix et Archimède. Référence aux héros protecteurs, aux génies de la planète, guerriers et savants. « C'est sous la garde des trois géants que j'ai placé le monument », écrira-t-il en 1911, toujours dans son cahier. La façade nord, un décalque des temples d'Angkor, respire l'exubérance absolue. Dans les angles, des pieuvres à tête de chèvre, des chimères ricanantes. Un peuple de monstres court sur les murs. Un tatouage : « Travail d'un seul homme. » Le triomphe de la volonté d'un paysan qui dira : « D'un songe j'ai sorti/ La reine du monde. » Un tombeau égyptien sur la façade est. Il écrit dans ses cahiers à son propos : « C'est un tombeau que j'ai creusé moi-même. Sous terre il y a un caveau à trois mètres de profondeur avec deux cercueils en pierre et leur couvercle, une double porte en fer et en pierre, faits à la manière des Sarrasins. »

La tour de Barbarie.

À LIRE : *Le Palais du facteur Cheval*, Marc Fenoli, éditions Glénat, 1990.

Le Palais Idéal du facteur Cheval

Encyclopédiste autodidacte, Ferdinand Cheval concentre dans son palais, sous forme d'ornementation baroque, mosaïques en coquillage, assemblage de pierres, la somme des connaissances de son époque qu'il a grappillées dans des encyclopédies, sur des gravures de Gustave Doré ou dans des revues comme l'*Illustration*. Le Palais est un enchâssement insensé de mosquée, de castel féodal, de chalet suisse, de sanctuaire hindou. En fait, un métissage culturel, un désir flamboyant de réunir dans un même ouvrage tous les rêves du monde.

Le résultat est spectaculaire, unique dans l'histoire de l'architecture : un palais d'une longueur de vingt-six mètres pour les façades est et ouest, et de quatorze mètres pour la façade nord ; une hauteur de huit à dix mètres ; un volume de mille mètres cubes ; une durée de construction de dix mille journées ou quatre-vingt treize mille heures ; trente-trois ans d'épreuves.

L'épitaphe inscrite dans la galerie du labyrinthe éclaire l'entreprise arborescente du facteur Cheval : « En cherchant j'ai trouvé/ Quarante ans j'ai pioché/ Pour faire jaillir de terre ce palais de fées/ Pour mon idée mon corps a tout bravé/ Le temps la critique, les années/ La vie est un rapide coursier/ Ma pensée vivra avec ce rocher. » Défi à sa condition de paysan, défi à la nature, à l'éphémère. « C'est de l'Art, c'est du Rêve, c'est de l'Énergie », écrira-t-il sur le fronton du Palais. Avec une simple truelle et des récipients pour mélanger le ciment, il édifiera l'environnement le plus spectaculaire de l'art populaire français.

LE LABYRINTHE DE DUTEL

Roland Dutel se définit comme un sculpteur-bâtisseur. C'est parce qu'il voulait construire des piliers pour installer un portail neuf dans la cour de sa maison et qu'il avait remarqué des briques et des poteries à la décharge publique que Roland Dutel, aidé par sa compagne Françoise, commença en 1989 la construction d'un lieu insolite chez lui, à Dieulefit, dans la Drôme.

Ce maçon de trente-huit ans a bâti un petit univers fantastique de façades, de murs et de cavernes, réalisé avec des pierres volcaniques, des briques et des poteries qu'il taille et modèle selon sa fantaisie.

Il a inventé une maison d'errance, s'abreuvant au jus bleu des étoiles. « Tout demeure fragile, dit-il, et la beauté du monde se nourrit d'éphémère et de provisoire. » L'univers de Roland Dutel foisonne de couleurs, de planètes et de survivants de naufrages anciens.

Le Labyrinthe de Dutel
place des Tilleuls
26220 Dieulefit.
Tél : 75 46 86 84.

Maison Picassiette

« Emporte une rose du jardin ;

Elle durera quelques jours.

Emporte un pétale de mon Jardin de Roses, Il durera l'Éternité ».

Saadi, *Le Jardin de Roses*

Il y a quelque chose d'émouvant dans la double vie de Raymond Isidore. Balayeur de cimetière le jour, il se transformait en architecte inspiré le soir après son travail, bâtissant saison après saison un petit palais multicolore pour abriter sa famille. Un rêve d'ouvrier habité par les fantaisies d'un prince. Avec humilité et persévérance, il décora de mosaïques, pendant plus de trente ans, les murs de sa petite maison, un simple F3 dans les quartiers nord de Chartres, manipulant près de quinze tonnes de débris de vaisselle trouvés au hasard de ses longues promenades sur le bord des chemins ou dans les décharges publiques. Un matériau à portée de main, pauvre, brut et une façon, pour cet homme qui souffrait de sa condition d'employé municipal, de magnifier sa vie. Lui qui disait avec amertume : « On m'a mis balayeur de cimetière, comme quelqu'un qu'on rejette parmi les morts. »

C'est en suivant un chemin parsemé de fleurs que l'on accède à la Maison Picassiette. Les façades saturées de débris de porcelaine et de faïence retracent des fragments d'une histoire, attachée aux valeurs pastorales, enchâssée dans les débris d'assiettes, des roses artificielles. Au milieu des débris de Cinzano et de Byrrh, des villageois jouent à se jeter des boules de neige et une petite fille apprend à lire sur les genoux de sa mère, sous le regard altier du général Marceau, le héros du pays. À l'intérieur, les sols, les plafonds, les meubles, la machine à coudre disparaissent sous les mosaïques. Le mur nord de la chambre à coucher est orné d'une fresque orientale : une caravane de chameaux glisse en route vers une mystérieuse cité orientale perdue aux confins du désert. Un collage empirique inspiré par les dessins de l'almanach Vermot et des lectures évangéliques. Comme un palimpseste de bouts de verre et de porcelaine décoré patiemment par un moine qui aurait voulu raconter l'histoire d'un monde perdu. Un jour, Picassiette se confessa : « J'ai poursuivi mon travail comme si j'étais guidé par un esprit, quelque chose qui me commande... Quand c'est bien incrusté dans ma tête, ça se répand en moi, dans mes mains, dans mes doigts, je suis poussé à travailler. » On n'en sut jamais plus. Ici, la chaumière est un ermitage, un peu comme les cavernes peintes de Cappadoce. L'œuvre ruisselle de couleur car Picassiette aimait les tons acidulés, cherchant avec ténacité des bouts de bleu, de vert, de rose dans les plus petites parcelles d'assiettes. La beauté en miettes.

Maison Picassiette
22, rue du Repos, 28000 Chartres.
Tél : 37 34 10 78.
Tous les jours sauf mardi
du 1er avril au 30 septembre.

Une facade ruisselante de mosaïque bariolée.

La chambre à coucher de Raymond Isidore et de sa femme : un décor exotique propice aux rêves du balayeur céleste.

Maison Picassiette

Appuyée contre la façade arrière de la maison, une chapelle qui évoque l'intérieur des églises orthodoxes. Dominant la pièce, un inquiétant Christ noir en mosaïque qui montre du doigt les trois croix du Golgotha. De cette chapelle, Picassiette disait : « C'est une réalisation de ma croyance personnelle, non de croyances apprises. J'ai fait ainsi une chapelle pour moi. » Comme le désir déclaré de bâtir plus qu'une simple maison d'habitation mais un ermitage, une Jérusalem terrestre.

Passé un petit porche, on pénètre dans la Cour Noire, un espace symbolique à ciel ouvert où trône un tombeau, gros bloc de pierre surmonté d'une réduction de la cathédrale de Chartres et historié d'une rosace et d'une madone bleue. La madone, hommage à la Vierge Marie, à sa mère ? Face au tombeau, le fauteuil du Balayeur. Picassiette s'y asseyait pour méditer, accompagné de ses voix intérieures qui le tourmentaient, lui annonçant cycliquement la fin du monde. Des bouffées mystiques qui l'envoyèrent trois fois en hôpital psychiatrique.

C'est par un étroit chemin que l'on pénètre dans le jardin peuplé des statues inachevées de La Fayette, la Mère Nature, la Grande Déesse. Un jardin gardé par des visages peints sur les hauts murs d'enceinte. Au fond, à l'écart, un parterre géométrique dominé par le trône de l'Esprit du Ciel en ciment bleu, surmonté d'une monumentale mosaïque de la ville de Jérusalem. Derrière ce trône, la grotte du Tombeau de l'Esprit, espace sacré, nimbé d'ombre. Sur un pilier, cette inscription qui résume la portée spirituelle de l'œuvre :

DIEU JÉSUS MARIE
Joseph
ici l'étable de Bethléem
ICI
REPOSE
L'ESPRIT

En pleine société de consommation, Picassiette s'est singularisé en produisant une œuvre religieuse qui illustre cette vague d'architecture spontanée du milieu du XXe siècle. Le 7 septembre 1962, cet homme qui craignait tant le monde et qui voyait quelquefois des flammes surgir dans la nuit, mourra d'épuisement après une fuite nocturne sur la route de Maintenon.

À LIRE : *Le Paradis terrestre de Picassiette,* Marten Kloos, éditions Encre, 1979.
Picassiette, le jardin d'assiettes, Paul Fucks, éditions Ides et Calendes, 1993.

La Maison à vaisselle cassée

Niche de chien décorée.

« Ma chaumière aurait, l'été, la feuillée des bois pour parasol,
et l'automne, pour jardin, au bord de la fenêtre, quelque mousse,
qui enchâsse les perles de la pluie,
quelque giroflée qui fleure l'amande ».

Aloysius Bertrand, *Ma Chaumière.*

L'histoire de la Maison à vaisselle cassée est édifiante. Robert Vasseur son propriétaire raconte : « J'avais un évier en ciment toujours crasseux. Un jour, j'ai cassé une assiette – c'était en 1952 – et, avec les débris, j'ai eu l'idée d'en décorer les parois. J'ai continué et orné ainsi, selon ma propre fantaisie, tous les murs de la cuisine, les buffets, les façades de la maison et même le jardin. » C'est ainsi que Robert Vasseur ancien ramasseur de lait à Louviers, artiste du dimanche, a décoré sa maison. Papillon 27, son nom de code chez les cibistes, est malicieux car, lorsqu'on lui demande comment il s'est procuré assez de vaisselle cassée pour couvrir un demi-hectare, il répond avec un sourire aux lèvres : « Comme je n'avais pas toujours le temps de fouiller les décharges, je m'étais mis en cheville avec un gars de l'entretien de la ville, qui me mettait de côté de la vaisselle trouvée dans les poubelles. » Chaque morceau de vaisselle est taillé, lavé, passé à l'eau de Javel. Un défi à sa condition sociale, une volonté de vivre selon ses rêves, un désir puissant d'illuminer sa vie. Au milieu des stèles, des phares et des animaux en ciment, une fontaine avec automates entièrement noyée de coquillages ramassés sur les plages de Normandie. Le moulin est taillé dans des bidons d'huile de moteur, le kiosque dans du préfabriqué. Un kiosque oriental surmonté d'un couple de cigognes qui voisine avec une soute à charbon et une réserve à bois, tous ornés d'une myriade de petits bouts de vaisselle colorés. Robert Vasseur couvre dans les années 80 ses derniers murs vierges de cadrans solaires, de graffiti et de collages. Sur la terrasse, un jeu de dominos entourés de coques d'œufs. Sur le mur du sud-ouest, trois rosaces. Sur les morceaux de vaisselle, des sentences morales subsistent : « Pourquoi te tiens-tu comme ça ? Mais maman quand tu sors du bain, tu dis toujours de me retourner ».

Si Robert Vasseur n'a ni l'envergure ni l'idéal de Picassiette, il demeure un brillant représentant de ceux qu'on nomme les bricoleurs de l'imaginaire.

« Papillon 27 », nom de code cibiste de Robert Vasseur.

La Maison à vaisselle cassée
80, rue du Bal-Champêtre
27400 Louviers

Le musée Robert Tatin

« Sur des tortues vivantes il peignit les douze apôtres
et puis il les lâcha dans la forêt. »

Milorad Pavic, *Dictionnaire Khazar.*

C'est une Arche plantée au milieu du bocage mayennais, une nef fantasmagorique qui relie le ciel et la terre. C'est le sanctuaire imaginé par Robert Tatin, un archi-sculpteur fasciné par les civilisations précolombiennes et chinoises, qui décida d'édifier en 1962 sur les ruines d'une ferme, une forteresse de l'art, « un autre centre de vie » auquel il avait tant rêvé au Brésil. Une enclave artistique où les peintres, les sculpteurs, les poètes pourraient venir se ressourcer loin du monde, entourés d'une architecture qui devait « être comme la nature, pas un ornement mais un muscle. »

Pendant vingt ans, il « tatine », « écriture » dans le ciment avec sa truelle et son compas en compagnie de sa femme Liseron, afin de mettre, dira-t-il, « le cap sur les étoiles ». Sur son chantier de la Frénouse, il prophétise, déclame, conte, définissant une architecture hors normes, inspirée par les enseignements taoïstes, les vieilles légendes bretonnes, le soleil, la lune, les forces secrètes qui gisent dans les arbres et les sources. À André Breton il confessa en novembre 1962 : « Je m'achemine difficilement dans les Sentiers de la Forêt de l'Homme... »

L'œuvre achevée est un monumental vaisseau de pierre orné de créatures mythologiques, colorées, librement ins-

Colonne sculptée.

Le musée Robert Tatin
La Frénouse, 53230 Cossé-le-Vivien
(30 km au sud de Laval).
Tél : 43 98 80 89.
Ouvert tous les jours sauf le mardi
et le dimanche matin,
10 h à 12 h / 14 h à 17 h 30 en hiver,
10 h à 12 h / 14 h à 19 h en été.

pirées des symbolismes chinois, aztèques et celtiques.

L'accès à cette forteresse se fait par l'Allée des Géants, un cortège de vingt héros de l'art. Vingt statues rugueuses qui se font face, gardiens esthètes de l'Arche. Pablo Picasso, un soleil sur la tête, sourit à Jules Verne, le douanier Rousseau, le corps orné d'un couple naïf, lance des messages télépathiques à André Breton, Utrillo salue Toulouse-Lautrec. Un rendez-vous d'artistes à la campagne. Une végétation de ciment coloré, touffue, glorieuse, qui s'achève par la Porte des Géants, ornée de quatre hauts-reliefs sculptés à la manière des temples balinais surmontés de la Roue de l'éternel retour qui s'enroule et se déroule entre les deux serpents du caducée. C'est l'hommage de Tatin aux maîtres des couleurs. Immenses et hiératiques, Rembrandt, Van Gogh, Léonard de Vinci, Goya et Delacroix contemplent les bois et les prairies, les yeux écarquillés, « la tête dans le ciel des

Statue d'un maître-compagnon bordant l'Allée des Géants.

« La Porte du Soleil », chef-d'œuvre de Robert Tatin. Les deux statues-colonnes, yin et yang, méditent au bord du bassin.

étoiles – les pieds dans le Noir de la terre. » Tatin admirait ces maîtres mais il avait voulu les faire descendre du ciel pour qu'ils partagent « la vie ordinaire avec nous tous ».

L'Arche est gardée par un inquiétant dragon. Bouche béante, le monstre surgit d'une des murailles du musée, les pattes griffues et la langue rouge sortie comme pour avaler curieux et philistins. La menace du dragon ne laisse pas indifférent. Sa silhouette hideuse n'évoquerait-t-elle pas la délicate invitation à se débarrasser de nos vieilles peaux en loques avant d'entrer dans le château des symboles ? L'entrée dans le sanctuaire se fait par une petite porte qui donne sur un large espace dominé par trois monumentales structures en ciment polychrome, hautes de cinq à six mètres. L'ensemble se reflète dans un petit bassin aux eaux bleues en forme de croix de Saint-André, entouré de douze statuettes comme les douze mois de l'année. Un calendrier allégorique accompagné de textes dessinés sur le sol, racontant des aventures de druides, de fées des fontaines et de saints bretons.

Les portails géants, reliés entre eux par un labyrinthe de cloîtres, époustouflent, hallucinent le regard. La première construction, Notre-Dame-Tout-le-Monde, grande vierge couronnée, est dédiée à tous les pères et mères de l'univers. Bâtie sur le principe du nombre d'or, elle représente à sa base l'étoile à cinq branches, l'étoile des mages, qui présage l'existence « d'une lueur même dans le plus profond des enfers». Ce porche-statue symbolise toutes les facettes de la femme pour l'homme. À la fois initiatrice, mère, amante, fille et égérie. Une façon pour Tatin de « retrouver la Muse, la Mère Mèrante ». La deuxième construction (à droite), la Porte du Soleil, évoque les noces de l'homme et de la femme, représentées selon le Tao par deux statues-colonnes : Yin, le principe féminin et Yang, le principe masculin. Pleins d'amour, ils portent sur leurs genoux Adam et Ève, « les enfants du monde ». Énigmatiques, ils soutiennent le ciel où tourne immuable la grande Roue du destin entre les cornes abondantes de l'imagination et de la raison. Le soleil gravé sur le tympan inonde de sa chaleur le bassin. La troisième construction (à gauche), la Porte de la Lune, illustre l'harmonie. C'est la fée qui règne sur les eaux du bassin. Accrochée au tympan de la Porte, la Muse de l'Unité, créature androgyne qui appuie avec malice son pied droit sur le cube de la Raison et son pied gauche sur le croissant de l'Imagination. Au pied de la Porte de la Lune, la salle des gouaches et des aquarelles de Tatin, un univers de bulles colorées, d'étoiles filantes que Charles Estienne décrira en 1966 comme « le vif argent stellaire ».

Pour ce fils de bonimenteur, qui baignera très jeune dans l'atmosphère inquiétante des landes bretonnes, l'essentiel était que les hommes retrouvent leurs racines et puissent « mieux parler la langue de l'herbe des champs ». La Frénouse devait être un livre d'images, un peu comme les cathédrales médiévales, destiné à initier les hommes à une nouvelle culture. Les murs, qui disparaissent sous des torrents de chevelures de ciment coloré, sont historiés de frises surréalistes, fantastiques. Les personnages sculptés en saillie empruntent aux civilisations les plus diverses. Une même statue peut avoir un visage asiatique, un corps aztèque, des mains celtiques. La planète Tatin se veut le résumé microcosmique de toutes les langues des peuples passés, présents et futurs. En construisant son Arche, Tatin a jeté un pont artistique et philosophique entre l'Orient et l'Occident. Il a réveillé les génies de la Terre, décidé à amplifier « le bruissement mythologique, cxygène de l'esprit ».

« André Breton »...

« Pablo Picasso », deux « Géants » que Robert Tatin admirait.

À LIRE : *L'Étrange domaine de Robert Tatin*, Richard et Brigitte Jeandelle, éditions Jean-Claude Simoën, 1977.

Ferme-musée Barret

« Songe insolite...

Il m'a semblé voir ce plaisantin de Satan ouvrir les portes du royaume des ombres,

au-dessus desquelles scintillait une veilleuse inextinguible

devant l'inscription Âmes mortes. Le royaume des morts s'était animé

et il en était sorti à la queue leu leu toute une ribambelle infinie. »

Mikhaïl Boulgakov, *Les Aventures de Tchitchikov*.

L'entreprise de Franck Barret était magique. Pendant plus de quarante ans, à partir de 1947, il a statufié les esprits des morts dans l'argile crue, composant ainsi l'un des plus mystérieux cabinets de monstres de l'après-guerre. Agriculteur le jour, cultivant sa vigne et son maïs sur un petit lopin de terre, il se transformait la nuit, en ange du bizarre, à la fois sculpteur et médium, modelant dans l'argile crue des cohortes d'esprits avec qui il communiquait. C'est après minuit qu'il se mettait au travail, glissant dans sa grange et pétrissant avec gourmandise des boules d'argile. Dans un état somnambulique, il accouchait de ses mains expertes, dans un ambiance sombre, de personnages aussi étonnants que Vercingétorix, maigre, les yeux brûlés sur ordre de César, Sainte Blandine enchaînée, les mains jointes, le regard tourné vers le ciel dans une ardente prière, Georges Guynemer, un pithécanthrope, Jeanne d'Arc, un Martien que le sculpteur aurait rencontré une nuit de 1955, tous convoqués au grand sabbat d'argile. Une technique, des sources d'inspiration ? Le sculpteur disait : « J'ai rêvé, j'ai fait ».

« Le fantôme de l'opéra ».

Aujourd'hui orphelines, les fragiles créatures, en argile crue, se décomposent lentement dans la pénombre du musée. Immobiles, elles attendent leur seconde mort. Les couleurs s'estompent, les corps s'affaissent. Dans la première pièce, au milieu d'un épouvantable fouillis, surgissent quelques créa-

Ferme-musée Barret
Goubières, Pineuilh,
33220 Sainte-Foy-la-Grande
Visites sur rendez-vous.
Contact : Jean Vircoulon

tures géantes. Au premier plan, le Yéti, abominable homme des neiges, au masque grimaçant et recouvert d'un pelage fauve. Autour de lui, une cour d'esprits redoutables tels que le Vieil homme de Cro-Magnon de retour de la chasse un cerf sur l'épaule, et le monstre du Loch Ness. Mais la statue qui frappe le plus l'imagination est certainement le Fantôme de l'Opéra, vêtu d'un gilet d'argile noir, tenant sur ses genoux un crâne humain ; accompagné de sa jeune maîtresse, il évoque crûment la mort et son naufrage physique.

À cette pédagogie de la vie après la mort, se combine un étonnant bestiaire à la fois libournais et exotique. Sur les murs grouille tout un petit peuple d'oiseaux, sansonnet, grimpereau, chouette, faucon-gerfaut, hirondelle. Par terre, sur le sol en terre battue, un singe en poils d'artichauts assis sur ses fesses voisine avec un gnou, un fourmilier, un oiseau-lyre, une musaraigne au nez pointu et d'autres bestioles, batraciens et reptiles.

Dans une seconde salle, la foi chrétienne refait surface avec le site de Lourdes qui se poursuit bizarrement par une chasse à courre à flanc de colline, l'ensemble sous le regard impassible de la Sainte-Famille en prière.

À l'image du Dieu de l'Ancien Testament qui modela l'homme avec de la poussière prise du sol, Franck Barret a composé une brillante tribu de golems. À ce titre, il est sans doute le plus mystérieux art-brutiste français. Comme les autres il n'avait ni formation, ni rapport avec le marché de l'art. Mais son métier de paysan associé à ses dons de guérisseur le distinguait des autres Singuliers, l'immergeant dans l'univers fantasmatique du terroir libournais et du monde des esprits. Pour cet homme sans grande formation intellectuelle, qui prétendait avoir un don de voyance depuis l'âge de cinq ans, l'intuition était déterminante, s'adressant, disait-il « directement aux forces supérieures » lorsqu'il voulait obtenir quelque chose. La Ferme-musée Barret, qui accueillit des milliers de visiteurs dans les années soixante, sommeille aujourd'hui derrière ses fenêtres noyées sous le lierre. Comme un lieu maudit des hommes. Simple « musée de Modelage » comme l'indiquait la pancarte fixée de son vivant sur sa grange ou musée de l'Épouvante comme le murmurent certains du côté de Sainte-Foy-la-Grande ?

FRANCK BARRET, OU LE PÈLERINAGE IMMOBILE

Récemment, je suis revenu visiter ce musée que la mort de son guide inspiré avait rendu au silence de la vie. J'ai cherché le regard d'argile des saints, des héros et des mille bestioles, jusqu'à comprendre que tous se jouaient de ma curiosité (on s'immobiliserait presque pour mieux surprendre les grands élans de vie solidifiés dans l'argile sèche). J'ai passé la main sur la face du petit singe ; c'était une caresse affectueuse. J'ai recueilli un peu de poussière...

Jean Vircoulon, biographe de Franck Barret.

LE JARDIN DE NOUS-DEUX

« Dans un parc de fleurs, de volailles, d'attrape-mouches, de petites collines et de semences huppées prenant leur vol, s'avance le gracieux géant hydrocéphale sur sa patinette ».

Henri Michaux, *La Nuit remue.*

« La pagode ».

Charles Billy était un géographe de l'art, un vieux routard qui, au retour de chacun de ses voyages, érigeait dans son jardin en terrasse des fantaisies architecturales à hauteur d'homme, incrustées de pierres dorées du Beaujolais. Un jardin excentrique, tourmenté de palais orientaux à voûtes en nid d'abeilles, de tours vénitiennes, de châteaux médiévaux, qu'il baptisa, par amour pour sa femme Pauline, le « Jardin de Nous-Deux ».

Les murailles qui encadrent le porche d'entrée sont sculptées de trophées allégoriques. À droite, une femme qui montre ses cuisses, incitant les hommes à entrer dans le jardin aux délices. À gauche, saint Claude accroupi, battu à coups de bâton par une femme. Le ton est donné. Charles Billy avait de l'humour. La promenade se poursuit le long d'un sentier bordé de vasques et d'une fontaine mauresque aux eaux cascadantes, inspirée de celle de Cintra, près de Lisbonne. Aux alentours, des coupoles de mosquées et des tourelles de castels fortifiés surgissent au-dessus de massifs d'ifs. Comme une collection de merveilles architecturales réduites à la seule fantaisie d'un monarque de l'art brut. Des reconstitutions crypto-géographiques de monuments qui l'ont fortement bouleversé tels que la Villa Hadriana à Tivoli ou la porte de Sidi-Bou-Saïd en Tunisie.

L'accès aux terrasses supérieures se fait par l'escalier du Perroquet qui zigzague entre ombre et lumière, ifs et buissons de thuyas. Un escalier de pierres gravées de 14 marches, qui évoque les petits lacis de rues d'un village de Haute-Vienne, entrevu un jour sur la route des vacances. Au pied de l'escalier, *La Cave de Pompéi,* une crypte de fraîcheur. Au sommet, *Les Indes,* une arche genre Taj Mahal aux bas-reliefs ornés d'éléphants et de danseuses. Au centre du jardin se dresse, mystérieux et grotesque, le château

LE JARDIN DE NOUS-DEUX
CHEMIN DU MAZARD,
69380 CIVRIEUX-D'AZERGUES
(17 KM AU NORD-OUEST DE LYON).
VISITE SUR RENDEZ-VOUS.

« Le Petit Alhambra », une des fantaisies architecturales de Charles Billy.

Charles Billy en août 1991.

de Kel-Kepar-Méou, métissage de styles gothique, asiatique et victorien, avec des tours se terminant en fioritures géométriques surmontées de cloches babyloniennes et du carillon de Westminster vibrant au soleil du Rhône. De son vivant, Charles Billy ponctuait la visite de son jardin de commentaires et d'histoires étranges. À propos de Kel-Kepar-Méou, il prétendait sans rire l'avoir commencé au Moyen Âge. Fatigué , il s'était endormi sur le chantier, se réveillant cinq cents ans plus tard pour terminer l'œuvre. À droite, le château de Piedanleau ; à gauche, la Pagode surmontée de trois toits chinois reliés par un sentier tortueux au Temple du Zodiaque. Un temple orienté au soleil couchant, dont les parois intérieures sont décorées des douze signes astrologiques. Forteresse de la solitude, à la fois futile et chargée de la sagesse naïve d'un voyageur de retour au port. Univers hyperréel qui tranche avec les pavillons gris de son voisinage car le monde de Billy n'est pas vide mais illustré d'un savoir accumulé au cours de promenades planétaires. Comme sur les tympans des églises médiévales, tout un peuple de créatures érotiques ou humoristiques grouillent sur les colonnes et les porches. Sirènes aux longs cheveux, guerriers maures, gargouilles et autres griffons qui semblent se moquer du monde. Un rendu tridimensionnel qui montre le moindre détail de l'architecture médiévale : créneaux, mâchicoulis, échauguettes.

Rien ne prédisposait ce vieil homme à devenir un fondateur de cité de pierre. Ancien traceur de gaines et de soutiens-gorge, il s'est lancé dans l'aventure architecturale à l'âge de soixante ans, constituant en l'espace de vingt ans, loin des modes, un album de vacances en relief, rare et délicat. Il se considérait comme un artiste breton, loin des classiques. Fonctionnant uniquement à l'intuition, il apprit son métier sur le tas. Sa technique était simple. L'inspiration venait à partir de photos et croquis pris sur le terrain. Alors, muni d'une truelle et d'un fil à plomb, il commençait par édifier les murs de ces palais en ciment rose qu'il recouvrait ensuite de pierres dorées du Beaujolais ou de morceaux d'assiettes. Une façon d'amplifier l'impression orientale du jardin. Avec toujours le souci de faire ressortir les jeux de l'ombre et de la lumière.

Le matin de sa mort, le 4 septembre 1991, il travaillait encore sur son chantier. Il avait 82 ans et s'imposera comme l'un des plus exubérants créateurs d'architecture singulière des années quatre-vingt.

ARCHI-SCULPTEURS ET INTUITIFS

Ils sont dendrographes, artistes-zingueurs, montreurs d'images, instinctifs. C'est la nouvelle génération d'art-brutistes. Les plus étonnants sont inspirés du ciel et de la terre. Ils ont planté avec allégresse leurs fleurs excentriques dans le paysage français. Une tribu de solitaires héroïques qui ont retrouvé le temps des rêves.

L'atelier Fernand Michel

« ... chaque artiste doit reprendre seul la poursuite de la toison d'or ».

André Breton, *L'Art magique.*

Il y a un Fernand Michel relieur d'art, amateur de textes classiques, et un autre plus secret, familier des ferrailleurs de Montpellier, collectionneur de plaques de zinc depuis 1962. Il en devine l'écriture, la traque dans les moindres buissons de métal. Chez lui, dans son petit atelier rue de Lunaret, au milieu d'une forêt d'outils, il triture, découpe, crochète les vieux chauffe-eau, moteurs et batteries de voitures, composant de somptueux bas-reliefs, des panneaux peints et des totems multicolores. « Je suis, un jour, tombé amoureux d'une plaque de zinc, raconte-t-il, le cigare vissé aux lèvres, et à côté de mon métier de relieur, j'ai cherché à faire quelque chose d'extraordinaire, une véritable œuvre de ma vie. Comme la peinture n'était pas mon truc, je suis devenu artiste-zingueur. »

« Verlaine ».

Dans ses mains, le zinc devient une matière noble. Comme le zingueur, puisatier et sourcier Joseph Crépin qui contemplait le soleil sans être ébloui et dessinait ensuite sur des cahiers d'écolier, guidé par des esprits, Fernand Michel voit dans les feuilles de zinc troué et griffé par la rouille des femmes pulpeuses, des familles à Palavas, des ramasseurs de moules, des paysages languedociens, des montagnes de jade, des couchers de soleils. Il multiplie les personnages et les situations.

Roger Caillois parlait de « pierres à images » qui excitaient tout particulièrement la convoitise des Chinois. À propos de Fernand Michel on pourrait parler de zinc à images, zinc de gouttière, zinc filandreux, zinc bleu, vert. Zinc de cérémonie. L'image en est tou-

Atelier-musée Fernand Michel
68, rue de Lunaret
34000 Montpellier.
Tél : 67 79 62 22.

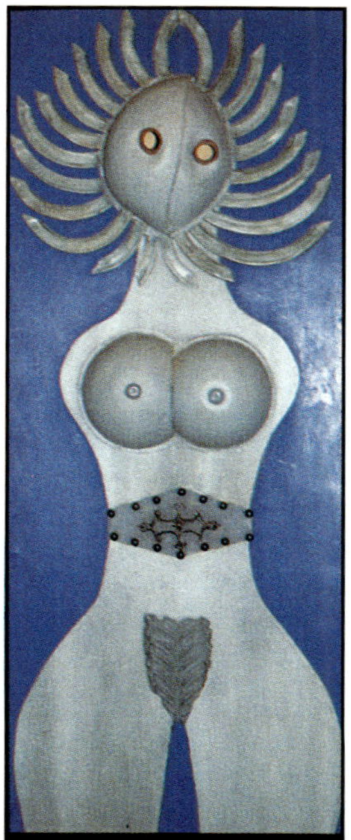
« La reine de Saba ».

jours troublante, tableaux fabriqués par la nature, inventés par l'artiste-zingueur.

Il est quelquefois difficile de discerner le travail de l'artiste et les fantaisies de la nature. Cette impression se manifeste dans les Paysages. Au centre d'une plaque de zinc, un lac de montagne, surplombé d'un ciel blanc. Sur le côté droit, un chalet. Le ciel blanc, c'est la partie du zinc qui est fixée sur le bois, celle qui ne voit jamais le jour. Le zinc fournit une large palette de couleurs. Des nuages se dessinent, la houle écumeuse de l'océan déferlent sur les plaques rugueuses. Mais, la véritable intervention de l'artiste surgit dans les techniques mixtes. Accrochées aux murs de son atelier-musée, des têtes de chanteurs noirs en forme de demi-sphère aux gros yeux ronds, de grandes poupées aux fesses et poitrines rebondies suscitant le désir, des nonnes à moitié nues portant des jarretelles et des bas noirs, autant de symboles qui expriment l'humour lyrique d'un simple poète de la ferraille.

Le temps patine le zinc endormi dans les décharges publiques. Il faut quatre-vingts ans pour qu'il se bonifie, qu'il laisse émerger des antiques gouttières, des paysages arctiques, des canyons, des lacs islandais bleus, rouges, verts, des collines. Au détour des sculptures en zinc, un poème de Saint-John Perse : « Une mer plus crédule et hantée d'invisibles départs. »

Les zincs cloutés de Fernand Michel ont fait le tour de l'Europe ; il les a exposés au Luxembourg, en Allemagne, à Vence et dans des petits cafés de quartier. À 77 ans, le vieil anar vibre toujours autant devant les vestiges métalliques que le temps a durement patinés et qu'il forge avec toujours autant de conviction.

PRÉSENTATION DE L'ARTISTE PAR LUI-MÊME

Je suis né aux antipodes, sur la côte ouest, issu de famille protestante rigide qui me force à faire des études de théologie dans le Massachusetts. Paris 1968 : je fais la connaissance, sur les barricades, de Véronèse qui, par ses options pour le vert, me libère du bleu. 1970 : rencontre, au Venezuela, de Silas Snonsed qui fait campagne contre le mariage. Il m'enseigne la sémantique et le zen, me présente sa sœur Marianne, que j'épouse le lendemain. Marianne et moi voyageons beaucoup sauf les années bissextiles où nous dormons. Je peux considérer ma vie et mes expériences comme fécondes ; en 1964, je fus médaille d'or du S.I.C. (sénile, inculte, crétin). Voici un bref aperçu de la vie d'un petit zingueur qui travaille quarante heures par semaine et, quand il voyage, les transports et les repas sont à sa charge.

L'ATELIER DU PEINTRE-CONTEUR LATTIER

« Il y a des heures dans la vie où l'homme à la chevelure pouilleuse jette, l'œil fixe, des regards fauves sur les membranes vertes de l'espace... »

Lautréamont, *Les Chants de Maldoror.*

Gérard Lattier s'inscrit dans la grande lignée des montreurs d'images qui colportaient dans leurs besaces, au siècle dernier, histoires saintes, recettes de sorcellerie et livres d'amour. Chroniqueur populaire, il raconte des histoires peintes et écrites en français, en patois, sous forme de gouaches aux couleurs crues. C'est le journal d'un homme qui non seulement fabrique secrètement la mémoire en couleur des habitants du bas Vivarais, mais pérégrine de ville en ville avec ses panneaux de bois peints sous le bras pour conter à tous vents de sa voix roucoulante, des histoires de « bestiasses », de trésor et d'éléphant rose.

Gérard Lattier.

C'est dans une atmosphère de sang, de cris et de larmes que Lattier inaugure le cycle de ses histoires peintes. Une aventure artistique commencée en peignant pour son ami Garcia, un ex-voto racontant un épisode guerrier de la guerre d'Espagne : la fuite des Brigades Internationales poursuivies par les troupes de Franco par terre et par mer. Alors, Lattier, le peintre, s'est mis à raconter des histoires.

La guerre sera l'un de ses grands sujets d'inspiration. Pas une guerre abstraite, lointaine, non, sa guerre qui l'a touché dans sa chair, celle de 39-45 qui a tué son père pendant les bombardements de Nîmes le 27 mai 1944. Depuis, il pioche dans les horreurs. Des bombes tombent sur des cimetières. Les cercueils s'ouvrent. Un cadavre est perché dans un arbre. Du sol jaillissent des cratères de feu. Le titre : *Tuez les morts!*. Plus cruelles encore, les mutineries de 1917, avec les exécutions massives de soldats rebelles, les corps mutilés noyés dans des ruisseaux de sang.

ATELIER DU PEINTRE-CONTEUR GÉRARD LATTIER
CHEMIN DES GARDIOLES
30320 POULX (10 KM AU NORD DE NÎMES)
TÉL : 66 75 00 52.
VISITE SUR RENDEZ-VOUS.

« La Bête du Gévaudan : l'Alchimiste (gouache, 85 x 110 cm).

Mais le peintre-conteur a aussi de la malice quand il raconte les petites diableries dont ont été victimes ses voisins, ses amis, sa famille. Il y a l'histoire du cochon miraculeux qui « caguait des pièces d'or » et que sa tante thérèse avait saigné, espérant découvrir un magot dans les tripes de la bête. « Ça faisait de bonnes caillettes, mais des écus, pécaîre, pas plus ! » Il y a ainsi des dizaines de gens croqués dans des situations grotesques, comme cet homme « un peu Galu qui chabussait dans les caves et en remontait d'énormes truistasses et des barbelas comme d'ase » et qui, un jour, s'est retrouvé coincé pendant plus de trois semaines au fond d'une grotte « en rousigant son peïson ».

Dans le cycle récent de la Bête du Gévaudan, l'écriture plastique fait place à une image plus narrative, sans texte Quarante tableaux qui racontent la traque légendaire de la mystérieuse bête qui dévorait les filles dans les bois du Gévaudan sous le règne de Louis XIV. Un cycle fantastique qui puise aux sources mêmes de la culture paysanne.

Les histoires de Lattier s'apparentent aux enluminures médiévales. Elles en ont la brillance, la riche ornementation, le bestiaire gothique avec dragons ailés, loups cruels et fantômes de la nuit. D'ailleurs il y a du moine chez le conteur de Poulx. Son atelier est abrité dans un mazet au milieu de la garrigue. Il y vit avec sa femme Annie. Le visage est doux, la barbe tendre. Sa vie n'a rien d'extravagant. Il est employé municipal à Nîmes mais il sait se dédoubler, inventant un univers grinçant peuplé d'hommes, de femmes, de prêtres, de soldats, tour à tour diaboliques et célestes, espiègles et graves. La genèse des histoires est souvent la même. Un ami, un parent lui raconte un fait divers sous une tonnelle autour d'un vin frais ou au clair de lune dans les gorges du Gardon à la recherche du dernier des dragons. Il la respire, s'en saoûle et, rentré dans son mazet, lâche sur ses panneaux de bois les héros de ces historiettes. Une façon de créer des légendes modernes.

Alors naïf, brut, fantastique, l'art de Lattier ? Un peu tout ça à la fois. Les images sont crues. Elles ruissellent de fesses grassouillettes, de « gratteurs de foudres ». Le style est expressif, sans nuances. Les personnages sont souvent difformes, les visages hallucinés, les yeux exorbités. Des bouches ouvertes jaillissent de longues langues écarlates. La peinture de Lattier est gorgée de visions. Les femmes accouchent de serpents. Les ventres sont quelquefois creux. La fraternité toujours présente. Des soucoupes volantes glissent dans le ciel ardéchois et le diable Astarot se moque de tout le monde.

Un style narratif, une langue fruitée, chaude, par moments phonétique, souvent patoisante. Comme une exhortation, un sermon avec le peintre en autoportrait qui harangue les foules, leur annonce la mort, les désastres, la cruauté avec la malice au coin de l'œil. Une gouaille rigolarde qui fait de sa peinture une fresque satirique. Chez Lattier, le temps ne se gâte pas mais se « mascare ». Certains diront que son style est daté, que sa peinture est académique ou que ses couleurs sont criardes. Ils oublieront l'unité de l'œuvre, son aspect thérapeutique. Ils oublieront le riche répertoire ornemental qui tranfigure les sujets, la série légendaire des ex-voto, saints et miracles guérisseurs et enfachinaïres qui fait entrer Gérard Lattier dans le cercle des maîtres talentueux du fantastique social.

N'est-ce pas Cézanne qui disait que « la peinture doit être couillarde » ? Ce qui attire Lattier, c'est la face obscure, la part maudite des hommes mais pas n'importe quels hommes. Les anonymes, les sans-grades, les oubliés de l'histoire, les inconnus, les petites vieilles des villages perdus dans les montagnes, les soldats oubliés dans leurs tranchées. En ce sens, l'œuvre de Lattier peut être comparée à un évangéliaire hérétique.

« La Bête du Gévaudan » (gouache, 85 x 110 cm).

Les Granites du Grand Tout

« ... Je suis le Tout

le Tout est sorti de moi,

et le Tout est arrivé à moi.

Fendez du bois : je suis là ;

levez la pierre, et vous me trouverez là. »

Saint Thomas.

Décorateur sur porcelaine le jour, Jean-Marie de Saint-Nicolas se transforme le soir en tailleur de pierre mystique, semant des chapelets de têtes géantes sur l'herbe grasse d'une petite colline du Limousin. L'ensemble évoque les ruines d'une cité antique oubliées dans les ronces et la bruyère, les restes d'un camp retranché de Sargon ou de Darius. Les statues sont disposées en éventail, surgissant entre les arbres comme une procession muette de rois au front losangé, de sages aux longs cheveux historiés de spirales, de guerriers casqués dont les corps enfouis évoquent une armée de fantômes, leur regard de pierre surveillant les collines voisines. Une disposition qui permet de voir les têtes géantes du premier coup d'œil. Fragments de chapiteaux imaginaires, les statues sont taillées en ronde-bosse, présentant des traits sereins, un relief saillant. Les formes sont blanches, lisses, pures, exprimant un style grec dégradé. Leur taille est imposante (3 mètres), leur poids impressionnant (4 tonnes), leur composition répétitive.

Jean-Marie de Saint-Nicolas est un ermite et se méfie de la civilisation. Il vit seul avec sa mère et sillonne à vélo la région, visitant chapelles et ruines gallo-romaines dont il s'inspire dans son travail. Un travail qui obéit à une discipline rigoureuse. Une à deux fois par an, des camions-grues déposent dans son champ des blocs de granite de trois à quatre tonnes, qu'il taille directement sur place. Des blocs qu'il sculpte au crépuscule, en toute saison. L'hiver, un petit feu

Les Granites du Grand Tout
Visite de l'ermitage sur rendez-vous.
Tél : 55 56 07 70.

de broussailles illumine la colline et la silhouette fragile de l'ermite œuvre, délivrant imperturbablement de la pierre de Vassivières les visages des sages antiques. Certaines tailles peuvent durer mille heures. Un travail dur, harassant, qui cache une authentique recherche spirituelle. Les inscriptions épigraphiques au dos des statues le prouvent. Des messages et des sentences y exaltent la connaissance cachée, la transmigration des âmes, l'harmonie avec la terre Gaïa. Des inscriptions en forme de menace écologique. Une des statues, *La Femme qui porte la terre sous son bras,* n'annonce-t-elle pas l'apocalypse dans son épigraphe : « Animal humain, je suis la terre vivante qui te nourrit. Tu récolteras ton anéantissement si tu persistes à semer la folie qui m'empoisonne... » ? Le message peut être plus fantastique, plus naïf aussi comme celui qui est inscrit au dos d'un chapiteau à deux visages androgynes : « Avant d'accéder à de grands pouvoirs, l'homme doit apprendre la Sagesse. Disposer de fusées n'est plus nécessaire pour visiter les autres univers. Mourir sur terre, c'est renaître ailleurs... »

Un sanctuaire sculpté communiquant l'idée que la spiritualité est nécessaire et que vivre à l'écart du monde n'est pas forcément synonyme de refus du monde mais lucidité et recherche du sacrifice. Jean-Marie de Saint-Nicolas aime l'astral et les mondes cachés. Il décline ainsi depuis dix ans sous son marteau et son burin un message énigmatique, celui du Grand Tout, entité païenne qui régirait les lois de l'univers et dont il ne serait que le secrétaire dévoué. Pour cet homme de trente-sept ans qui considère qu'il est en apprentissage, la sculpture est au service d'un message d'amour primitif. Il s'agit pour lui d'établir des retrouvailles avec les croyances du terroir. Comme le retour d'un art populaire intuitif. Refaire la cité cosmique dans son jardin. Peut-être la dernière utopie de l'homme ?

La Grotte magique

« Voici le temps de la magie

Il s'en revient, attendez-vous À des milliards de prodiges

Écoutez renaître les oracles qui avaient cessé »

Guillaume Apollinaire.

Diable rigolard.

Réon est né à Prague, a vécu dans un univers talismanique bercé de ballades et de contes médiévaux. Après l'invasion de la Tchécoslovaquie en 1968 par les chars russes, il est parti vers l'Ouest et a posé son sac au bout du continent, dans une forêt profonde et sauvage, la forêt de Quénécan, au centre de la Bretagne. Arrivé au Moulin du Corbeau, il parla aux dieux des bois, comme dans sa Bohême natale, avec les mêmes arbres, les mêmes oiseaux, les mêmes plantes, le même mystère. Il devint le roi d'Argondia, un pays imaginaire peuplé de silhouettes ombreuses de magiciens et de femmes lascives. Un domaine soumis aux caprices du Grand Confesseur.

Les amateurs de curiosités démoniaques accèdent au Moulin du Roi par un long chemin de poussière et d'ornières qui débouche dans la clairière aux esprits. Aux banquets décadents de Réon siègent des bouffons, des démons et des petites marquises en robe de taffetas. L'entrée est gardée par les magiciens des Symboles, deux hautes statues portant torchères et lanternes électriques. Les maisons en bois du hameau sont ornées de têtes diaboliques, inspirées par des grimoires de sorcellerie. Odeur draculesque ou faux astucieux ? Au centre, la Grotte magique, gardée par un diable rigolard sculpté au-dessus d'un bénitier et ruisselante de stalactites, l'ensemble baignant dans une atmosphère de sabbat où règnent les couleurs rouge, verte et mauve. Aux murs, des dizaines de tableaux sont accrochés. Ils évoquent des chevauchées nocturnes. Les dieux cornus des légendes celtiques ripaillent sur les corps offerts de jeunes femmes aux seins fermes. Des lutins se baignent dans de sombres marécages. Dans des châteaux gothiques aux tours imprenables se nouent de terribles pactes. Les tableaux de Réon sont des fenêtres qui donnent sur ses terres intérieures, ses légendes.

La Grotte magique
Moulin du Corbeau
Forêt de Quénécan
56480 Sainte-Brigitte.

Réon peint à l'huile, la nuit, sans lumière, comme les peintres de la Renaissance. L'inspiration est fantastique, à la manière d'un Hieronymus Bosch. Une symbolique ambiguë révèle la présence du démon dans les entreprises humaines. Les visions sont cosmiques. Les influences de l'Heroic fantasy et d'un surréalisme à la Dada s'y croisent. Les titres évoquent la tentation du Malin et des nuits brûlantes sous des arches végétales : *La Soirée pour les magiciens du souvenir, L'Allée des amours secrets, Les Aventures des musiciens égarés*. Les personnages sont rêveurs, toujours moqueurs et avides de danses et chants. Réon, qui puise avec délectation dans un large éventail de sources figuratives et littéraires médiévales comme *Le Grand Albert* ou *Le Carnaval des fous*, accomplit les désirs interdits, favorise les rencontres improbables. Quasimodo ripaille en compagnie des plus somptueuses créatures. Les arbres matérialisent leurs esprits et murmurent d'anciennes incantations.

Loin de l'art moderne, Réon vit dans la nostalgie d'un Moyen Âge idéalisé. Une façon de travestir la crise.

La Grotte magique, vue d'ensemble.

Le Centre de Lucifugus

« Je serai sérieux comme le plaisir. »

Jacques Rigaut, *Papiers posthumes*.

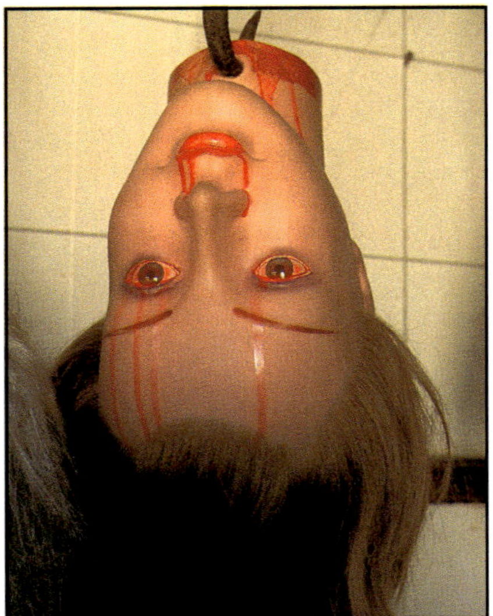

Tête baphomique.

Il était une fois un sculpteur de pièges à humains qui s'appelait Lucifugus Merklen. Il ouvrit une Boucherie Humaine en plein cœur du village de Pleurs, dans la campagne champenoise. Il ne fallait pas espérer y trouver d'élégantes côtes de bœuf ni de délicats tournedos sur les étals, mais de la viande humaine exposée comme des œuvres d'art, suspendue à des crochets de fer. Dans les vitrines, des tripes d'électeurs et un livre carnivore de Guy Prévan, intitulé *Petit précis de cuisine anthropophagique*.

À l'entrée de cette Boucherie décidément hors du commun, un panneau ourlé de noir : « Bonjour, futurs cadavres ». On tirait sur un os de tibia et le géant Lucifugus ouvrait : « N'ayez pas peur, la Boucherie est une oasis de paix. Entrez sans contrainte. Le gentil squelette qui vous accueille, c'est Sophie. .» Il avait un drôle de sourire le squelette qui pendait à une potence. À l'intérieur, carrelage blanc, faïence froide et influence de Dada.

Beaucoup désignaient ce lieu comme l'antichambre de la cruauté. Une jardinière de phallus sommeillait sur un frigo. Pour calmer les nerfs des êtres sensibles, des chapelets de têtes baphomiques pendaient à des crochets de fer. Un poste de télévision posé sur un congélateur évoquait la destruction de la civilisation. Les objets de la Boucherie Humaine étaient piégés, provocateurs, sales, répugnants, suscitant dégoût et haine... Une manière de communiquer pour Lucifugus Merklen, amuseur public et trafiquant d'âmes.

Dans l'arrière-boutique, le farceur s'activait dans l'atelier des petites mécaniques, où il fabriquait ses fameux pièges à humains, sculptures agressives qui faisaient de l'homme un acteur. L'imprudent prenait une manivelle et se maculait les mains de bleu de méthylène, il s'asseyait dans un fauteuil métallique qui se transformait en chaise électrique. Des horloges, réalisées avec du cuivre et de la ferraille, déformaient le temps. Descendant de Pétrus Borel, Lucifugus s'est lancé dans une nouvelle entreprise : la création dans la vallée de la Desges, en Haute-Loire, d'un Centre de dégustation de chair humaine et de plantation d'olibos. Une nouvelle provocation pour ce poète de l'humour noir qui, comme Alfred Kubin, préfère « la vache à quatre cornes à celle qui n'en a que deux ». Une façon de se moquer de la fin du monde.

Le Centre de Lucifugus
Hameau de Villeret
(20 km au sud de Langeac).
En Haute-Loire.

LUCIFUGUS MERKLEN, PIÉGEUR D'HUMAINS

L'homme est né le 9 février 1937 à Strasbourg.
Il est habillé de noir et porte un monocle à l'œil gauche. Le débit est rapide, le ton truculent.

Quel a été votre but en ouvrant le Centre de Lucifugus?
Je montre ce que Dracula cache : son état de vampire.

Vous avez conscience que vos préoccupations touchent peu de gens ? Qu'on vous prend pour un excentrique ?
Et alors ? L'artiste est un miroir déformant. Je communique mon refus du monde.

Vos statues ont deux têtes, pourquoi ?
Vous n'avez donc pas remarqué que notre société est à double face ? Chacun porte un masque. On ne peut avoir le bonheur que schizophrène.

Pièges à humains, Manuel du piégeur d'humains... C'est un centre de torture ici ?
La vie est un piège et mes pièges à humains sont faits pour faire prendre conscience aux hommes du danger suivant : le culte exagéré des objets conduit à l'esclavage. Je veux faire réfléchir au rapport qu'on entretient avec les objets de consommation. La matière ne peut être l'apogée unique des désirs de l'homme, sinon elle se retournera contre lui.

Vous avez commencé par quoi ?
Par le temps. J'ai fabriqué dès 1970 des horloges, ensuite j'ai fait des sculptures obnubilatoires. Je veux dépasser le rythme immuable de la mécanique pendulaire pour viser le mouvement irrationnel poétique. La belle sculpture m'ennuie.

Vos modèles ?
Alberto Giacometti et ses figures filiformes et figées qui semblent sortir du monde des ombres, Calder qui a su faire accepter le mouvement dans une œuvre esthétique.

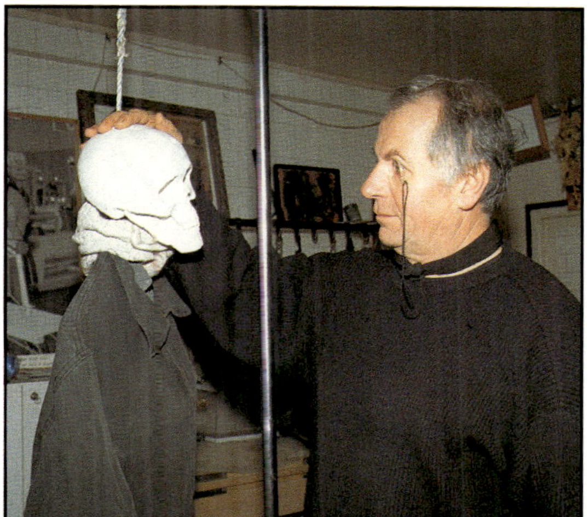

Lucifugus Merklen.

Et vos ventes d'esclaves ?
Beaucoup de gens n'ont pas compris. Pourtant ils se vendent tous les jours. Pendant la vente les hommes étaient gênés. Les femmes paraissaient éprouver de la pitié. J'ai quand même vendu un couple...

Jardinière de phallus.

À LIRE : *Manuel du piégeur d'humains,* Lucifugus Merklen, éditions de la Boucherie Humaine, Pleurs, 1979.

LE MUSÉE IMAGINAIRE
D'AUGUSTIN TROMPE-L'ŒIL

« Sur la plainte des mandragores
Et la pitié des passiflores
Le lombric blanc des enterrements sort de ses tanières ».

Alfred Jarry, *Les Minutes de sable mémorial.*

C'est dans une campagne perdue, noyée sous les ronces et les herbes folles, que Jean-Pierre Chauvaud a créé un musée noir peuplé d'étranges créatures en papier kraft. Pour réaliser son cabinet de curiosités, le sculpteur-poète a convoqué dans une ancienne bergerie les fantassins de l' imaginaire gothique, monstres bicéphales, mascarons diaboliques qui grimacent aux balcons des palais vénitiens, croquemitaines hirsutes qui ornent les baraques de forains, archanges accrochés aux gouttières des cathédrales...

À première vue, c'est une simple promenade au pays d'Irma la Douce et des fakirs orientaux, animée de 14 scènes et tableaux fantastiques qui rythment les expériences surréalistes d'Augustin Trompe-l'œil, un mystérieux comédien mort au Mexique, coupé en deux par une guillotine qu'il avait lui-même bricolée pour son dernier spectacle, le Miremort.

La visite s'organise comme un spectacle, rythmé par une succession de scènes bizarres évoquant l'univers rigolard et sinistre de Clovis Trouille. Des masques grotesques, les joues creuses, les fronts ornés de tumeurs, rampent sur des murs blancs. Ils ricanent, évoquant la vanité des hommes. Des marionnettes géantes désarticulées, leurs corps enfouis sous des tuniques mouvantes aux longs plis coniques, titubent : ce sont nos corps torturés, nos espoirs brisés. Leurs visages sont balayés par des rires tordus et de vilaines grimaces, leurs yeux composés de miroirs cassés. Le corps velu d'une araignée géante se balance devant trois têtes encagées. Dans une seconde salle, plus petite, la mort erre ironique entre de lugubres sta-

« Pazuzu ».

LE MUSÉE IMAGINAIRE
D'AUGUSTIN TROMPE-L'ŒIL
ÎLE BEL AIR, LA FOLATIÈRE
16230 MANSLE
TÉL : 45 39 04 93. VISITE SUR RENDEZ-VOUS.

tues de papier drapées de noir et de mauve. Sur un mur, un bas-relief formé de trois grosses têtes, le rictus menaçant : ce sont les gardiens du musée, chargés de punir les intrus et les voleurs. Le héros de cette fête grotesque, Augustin Trompe-l'œil, passe avec joie sa tête dans l'œil d'une guillotine. Dans le coin gauche, une femme nue couchée sur un autel noir accouche d'une tête de mort. Et encore et toujours des masques chargés de douleur qui courent sur les murs comme des croûtes terreuses, et des yeux tour à tour doux et cruels, pudiques et pervers, qui fixent les voyageurs de passage comme autant de miroirs dans lesquels se reflètent nos silhouettes.

On imagine alors ce mouton noir de l'art, cherchant l'inspiration et arpentant avec frénésie les fêtes nocturnes, les bistrots de campagne, les brocantes du dimanche matin, les arrière-salles de cafés peuplées de rebouteux et de voyantes. On le voit croquant au hasard de ses errances la douleur du monde, griffer dans sa mémoire le souvenir de Dracula et de Pazuzu et se réfugier au petit matin dans son atelier pour pétrir dans l'argile, à l'abri des regards, toutes ces gueules et leurs doubles, démasquant ainsi la beauté trouble du monde.

Toutes ces statues en papier sont nées de la même technique. Un rituel de terre et de magie. Au départ, le sculpteur façonne une figure dans l'argile, créant ainsi une forme pleine et lourde, un moule. La seconde étape est celle du papiétage qui consiste à recouvrir cette forme de plusieurs couches de papier encollé. La forme en papier, légère et creuse, est ensuite détachée du moule. La créature peut vivre, le rêve s'envoler, le masque s'animer. Une façon pour Jean-Pierre Chauvaud de jouer avec la matière, la terre, le papier et la chair.

La guillotine d'Augustin Trompe-l'Oeil.

S' il s'agit bien d'un cabinet de curiosités artistiques, derrière les trompe-l'œil quelque chose de terrible palpite, quelque chose qui sue l'angoisse. Comme un secret que le sculpteur aurait découvert, celui du vide que le masque comble par artifice. Les mauvaises langues, les langues sans humour, accuseront Jean-Pierre Chauvaud de gratuité morbide, de mauvais goût, mais ils oublieront l'essentiel. Ils oublieront qu'il a osé montrer ses démons intérieurs et que son art fantasmagorique, ses masques cruels expriment les multiples visages de la mélancolie, cet état trouble de l'âme qui guide l'homme trop lucide sur les sentiers de la douleur solitaire.

ENTRETIEN DANS L'HERBE PARFUMÉE DES BORDS DE LA CHARENTE. Jean-Pierre Chauvaud a une quarantaine d'années. Ses œuvres, d'une trouble violence, contrastent avec la douceur de son regard. C'est un homme divisé. Il caresse de ses doigts fragiles un cyclope en papier.

QUI EST AUGUSTIN TROMPE-L'ŒIL ?

J'avais fabriqué des marionnettes pour un spectacle, le Miremort. Il n'a jamais vu le jour. Alors j'ai utilisé ces marionnettes pour une autre aventure, celle d'Augustin Trompe-l'œil, un personnage imaginaire, une sorte de savant fou qui a inventé toutes sortes d'objets bizarres dont une guillotine. C'est en l'essayant qu'il se coupe la tête. J'ai raconté son histoire dans un livre et exposé ses inventions dans un musée créé pour la circonstance...

Le théâtre de marionnettes.

LES CRÉATURES DU MUSÉE SONT INQUIÉTANTES. EST-CE VOLONTAIRE ?

J'avais envie de créer un grenier imaginaire, celui que je rêvais de découvrir quand j'étais enfant. Un grenier, c'est toujours inquiétant, comme une cave. C'est le lieu de la mémoire, des histoires enfouies dans les vieux vêtements. Le refuge des fantômes... Je me suis mis alors à raconter l'histoire d'Augustin Trompe-l'œil, un aventurier qui fait traverser un miroir à son double. Après une longue série d'agressions et de mutilations, le double renaît... Des masques, il y en a partout. J'ai une véritable passion pour les masques. Ce qui me plaît dans un masque, c'est ce qu'il laisse deviner, ce qu'il cache... À supposer qu' un masque puisse s'adapter parfaitement au visage, il restera toujours un espace vide aux formes aussi précises qu' insaisissables, une faille, un visage invisible.

VOUS ÊTES QUOI AU JUSTE ? UN PEINTRE, UN RACONTEUR D'HISTOIRES ?

Comme j'aime les mots-valises, je dirais que je suis un anartiste. Je n'ai aucune formation artistique. De ce point de vue, je suis un autodidacte.

Jean-Pierre Chauvaud dans son Musée imaginaire.

À LIRE : *Le Livre d'Augustin Trompe-l'Oeil.*

La Maison Couleur du temps

« Il faut le voir ouvrir les maisons du zodiaque avec les clefs de la musique, se saluer d'un miroir à l'autre, stratifier les couleurs, disposer l'armure de l'atmosphère... »

Henri Pichette, *Les Épiphanies*.

Chop.

Il s'agit d'une maison gitane, rappelant celles que Wassily Kandinsky découvrit au début du siècle dans la province de Vologda. Une maison-tableau qui est née en 1970 sous les doigts d'un ancien beatnik devenu marquis de la forêt d'Espinasse. Aujourd'hui, les façades disparaissent sous des fresques flamboyantes offertes au soleil, à la nuit, au vent, à la neige comme autant de miroirs chargés de surveiller la forêt. Les peintures murales sont des autoportraits dont le plus héroïque orne le pignon est. Un autoportrait lunaire « à l'Égypte antique » en camaïeu de bleu, séparé d'un grand chat mafflu par une fenêtre tenue entre les pinces d'un scarabée couleur de feu. Le bleu et le rouge, couleurs de la résurrection.

Ce que Chop ose, c'est jeter en pâture à ses voisins, aux voyageurs de passage, ses rêves psychédéliques, tour à tour capiteux et évanescents. Un délicieux pied de nez à l'esprit de sérieux qui étouffe les imaginaires. Une manière effrontée de travestir la nature, de farder avec les grâces du XVIIIe siècle une société grise qui lui pèse. Alors il devient zoographe et lâche une faune fantasque sur les murs de sa maison. Une façon de se révolter contre l'indifférence et la mort. Sur le pignon ouest, l'horloge du temps dont les aiguilles sont arrêtées sur l'heure de sa naissance. Des yeux et des horloges. La Maison Couleur du temps est une gigantesque devinette, une parabole dont le thème est le temps. Chaque pièce est en effet dédiée à l'esprit d'une saison, comme un lointain écho avec les maisons en briques de boue de Yazd en Iran, les Khane Tchahan Fast, les maisons des quatre saisons. La première pièce est la chambre. Elle symbolise l'hiver avec ses costumes somptueux et glacés. Le lit est occupé par un jeune vicomte. Les murs sont recouverts de personnages sans tête. La seconde

La Maison Couleur du temps
Hameau de Clémagnet, 03190 Vénas.
Tél : 70 06 84 83.
Visite commentée par Chop lui-même tous les jours du 15 juillet au 15 septembre de 15 h à 19 h.

pièce aux couleurs de l'été, jaune et rouge, est peuplée de chandeliers ailés. Les murs sont ornés de masques qui font songer à des coquilles vides, à la peau d'hommes désertés par la vie. La troisième pièce est aux couleurs de l'automne. C'est la salle à manger du poète, où il dîne aux chandelles devant un feu de cheminée. Le dernier espace se situe au premier étage. C'est le haut lieu du printemps en vert fluo, électrique. La brutalité des couleurs évoque la renaissance, la fin des temps morts. Chop prolonge ses expériences loin de sa Cour bleue, dans les bois et les champs. On le voit se promener sur les chemins du Bourbonnais à vélo rouge vif, en costume élisabéthain, son sac à dos rempli de têtes de mannequins qu'il ira jeter dans un étang pour les photographier à travers l'étoffe humide de l'eau. D'autres fois, il couchera au crépuscule des mannequins de femmes sur une table drapée de velours pourpre. Au matin ces femmes de plastique seront pailletées de rosée, luisantes de pluie, étincelantes de givre. Prétexte à un délire photographique, à des déclamations matinales sur la mort dans des costumes de sang et de soleil. Une fascination secrète pour les processus de vieillissement et de pourrissement.

La Maison Couleur du Temps est une image déformée de l'univers aristocratique. C'est une petite cour qui joue les retrouvailles avec les dandys excentriques anglais.

ENTREVUE AVEC CHOP AU PIED DE CHANDELIERS AILÉS EN FORME DE PAPILLON. Chop est né le 24 février 1947 à Paris. Il a la langue fleurie des aristocrates libertins du XVIIe siècle. Il se surnomme « le courtisan du rêve ».

COMMENT A COMMENCÉ L'AVENTURE DE LA MAISON COULEUR DU TEMPS ?

J'ai la maladie de tout peindre depuis mon enfance. Je suis arrivé ici le 4 mai 1970, c'était une grange. J'étais avec un peintre suédois, Ingvar Svensson. On s'est installé avec nos costumes et nos meubles peints. Le cancer multicolore s'est développé de plus belle. J'ai commencé à peindre les murs, les plafonds de scènes imaginaires. Et puis c'est sorti par la fenêtre. Finalement, ça ne s'est jamais arrêté.

ET L'ACCUEIL DES VOISINS ?

Au début, les gens du coin prétendaient que les chandeliers peints sur ma porte d'entrée faisait tourner le lait des vaches...

COMMENT VOUS VIENT L'INSPIRATION ?

J'ai toujours été fasciné par les drapés de satin et de velours noir. Très jeune, je m'habillais en Louis XIV. J'allais m'incliner devant les portraits de Van Holbein. Aujourd'hui, j'ai des crises brutales. Par exemple, j'ai eu en 1992 une violente crise de chandeliers.

IL Y A UN PROJET CACHÉ DERRIÈRE CES DÉCORS ?

Je réalise des décors pour faire des photos oriniques. Tant pis pour ceux qui ne comprennent pas. Je suis inconsolable de voir que les personnages que j'aime sont morts.

VOTRE RECHERCHE SERAIT MÉTAPHYSIQUE ?

J'ai fait un jour une chute de vingt siècles en fouillant dans un vieux livre poussiéreux. Je veux lutter contre le temps, faire revivre l'espace d'un instant des hommes morts, chamarrés de vert et de rouge.

LA NATURE EST PRÉSENTE...

Vous êtes ici chez un païen, un chameau de gémeaux. Je reste béat devant les lumières. La lumière d'hiver est un si grand coiffeur et j'achète les bijoux de la nature.

Mannequins en forêt.

LA MAISON DE CELLE-QUI-PEINT

« Là, l'Occident miraculeux, plein de montagnes au-dessus des nuages ;

avec ses palais volants, ses temples légers, ses tours que le vent promène. »

Victor Ségalen, *Stèles*.

Danielle Jacqui a inventé un art jubilatoire en peignant entièrement les façades de sa maison, du sol aux gouttières. Une isba couleur bonbon, tapissée de tableaux multicolores, plantée en plein cœur d'un village provencal, Pont-de-l'Étoile. Sur la façade, un poème : « Je suis allée chez Merlin l'Enchanteur et j'ai ramené des paillettes d'or et d'argent, de la neige de Noël ; du spray multicolore et mille autres ingrédients pour magnifier mes dessins comme des cartes postales du Nouvel An. » C'est le manifeste d'une femme qui expose ses œuvres aux passants, au clair de lune, aux hirondelles. C'est aussi une femme qui revendique sa maternité, son cri dans la ville, un cri bariolé, un cri haché. Une démarche différente d'un Ben Vautier qui explique que s'il met des objets sur sa maison de Saint-Pancrace, c'est pour attirer le regard des autres, comme le paon. Avant tout, un travail dur, pénible. Combien de fois a-t-elle dû s'accrocher à l'échelle pour peindre et repeindre les façades soumises aux vents d'hiver et aux soleils brûlants de l'été ? Convaincre aussi les habitants du village de sa démarche artistique, une démarche provocante, têtue, enfin reconnue par l'organisation du Festival d'Art Singulier de Roquevaire.

LA MAISON DE CELLE-QUI-PEINT
13360 PONT-DE-L'ÉTOILE
(30 KM AU NORD DE MARSEILLE).
TÉL : 42 04 25 32.
VISITE SUR RENDEZ-VOUS.

« Pourtant,
contrairement à ce qu'ils voyaient
dans la guerre par exemple,
ils n'avaient jamais vraiment
reconnu dans le travail de
création du Monde,
la fulgurante présence
du Sacré.
Les uns et les autres n'étaient
pas fascinés par la Beauté,
mais par la puissance.
Ils n'avaient pas encore compris
ni tout à fait appris
à utiliser
La Puissance de la Beauté! »
- Yves gagnières - "La Métamorphose"

La cuisine-salle à manger de Danielle Jacqui.

La Maison de Celle-qui-Peint

À l'intérieur, c'est le ventre de la baleine décoré par un Jonas illuminé. Pas une parcelle de murs qui ne soit recouverte de paillettes d'or ou de gouache. Les couleurs jaillissent de Danielle Jacqui comme une cascade. Elle peint, laque, nourrit et soigne par les couleurs tout ce qui se trouve autour d'elle. Le réfrigérateur, la table de la cuisine, la lampe à iode, la salle de bains, les toilettes sont inondés de céramiques incrustées de têtes grotesques. Tout y est passé, absolument tout. Comme un déluge de couleurs. Il n'y a pas de dessin à l'origine car Danielle Jacqui fonctionne à l'intuition. Il n'y a pas de cadre non plus. La maison est véritablement inondée de toiles, céramiques, broderies.

Au rez-de-chaussée, d'un côté le jardin d'hiver et ses fastes exubérants, de l'autre l'atelier peuplé de tableaux brodés dont une fausse toile de mariée faite de deux sacs de pommes de terre d'où pendent des boules de laine blanche. Les tableaux sont gorgés de rouge, de vert et de bleu d'où surgissent des têtes hilares, des bouches charnues, des yeux malicieux. Comme un torrent de lianes bariolées, de fleurs exotiques. Au bout d'un labyrinthe de couloirs, une grotte où sommeillent des créatures sculptéees dans l'argile. Les marches de l'escalier qui mène au premier étage sont ornées d'un poème graffité en rouge : « Mon escalier est un jardin, mon pré d'herbe folle, ma musique, mon carré de pissenlit... » Des messages pour repeindre le monde des vivants. Comme les chanteuses qui font des vocalises, Danielle Jacqui crache les couleurs, le feu dans le cœur.

ENTRETIEN AVEC UNE ARTISTE SINGULIERE

Danielle Jacqui est une des rares femmes qui fréquente l'univers de l'art singulier. Elle est née le 2 février 1934. C'est une femme exubérante, voluptueuse, assise à la manière d'une impératrice chinoise sur le trône fastueux de son jardin d'hiver, enchassé de céramiques.

COMMENT VOUS DÉFINISSEZ-VOUS ?

Je suis une artiste populaire. J'ai tout appris sur le tas. Pour occuper les temps morts sur les stands de foire dans les années 70, j'ai commencé à faire de la broderie, à peindre des meubles et puis j'ai continué sur les marchés et la foire de Marseille.
Je prenais tout ce qui me tombait sous la main, des vieux lustres poussiéreux par exemple, que je transformais en lampes transcendantes.

ET VOTRE MAISON COULEUR BONBON ?

Quand je me suis installée à Pont-de-l'Etoile, j'ai tapissé tout naturellement les façades de ma maison de tableaux aux couleurs vives. Il y avait un panneau de vins Margnat. J'ai fait une fresque à la place et j'ai peint les volets à la laque.

C'EST JOYEUX, PIMPANT...

C'est mon fanion. J'ai transcendé le chemin âpre et douloureux de ma vie en instituant un chemin parallèle. Et j'y trouve le bonheur, la clarté. Mon compagnon Claude m'aide à trouver la voie de cette maternité car ma maison est une grossesse qui n'en finit pas.

CERTAINS VOUS TRAITENT DE BRODEUSE...

C'est une insulte à mon travail, à ma condition de femme. Cela voudrait dire que les femmes ne sont bonnes qu'à être des ménagères, des couturières, des cuisinières....

VOTRE AVENTURE VA DURER ENCORE LONGTEMPS ?

Mon travail évolue lentement. Il se construit par rapport à ma vie, ma région, mon époque.

VOUS SENTEZ-VOUS INVESTIE D'UNE MISSION ? L'ORGANISATION DU FESTIVAL D'ART SINGULIER À ROQUEVAIRE ET LA PUBLICATION DE VOTRE BULLETIN PEUVENT LE FAIRE CROIRE.

Quand je participe au festival d'Art singulier, c'est pour faire connaître au grand public tous ces braconniers de l'art qui œuvrent dans le silence. Mon Bulletin, c'est mon jardin secret, mon journal que je distribue à tout vent. J'ai l'impression que ce désir qui empoigne certains d'entre nous est à la fois magique et un peu surnaturel...

Danielle Jacqui à l'entrée de sa maison.

La Maison de Mariette

« Le roi masqué d'or se dressa du trône noir où il était assis depuis des heures, et demanda la cause du tumulte. »

Marcel Schwob, *Le Roi au masque d'or.*

Mariette pratique un art hallucinatoire. Ses œuvres reflètent le ciel et l'enfer. En d'autres temps, elle aurait été soupçonnée d'hérésie. Pénétrer dans sa maison, une tour de garde, c'est entrer dans une chapelle laïque. Dès le rez-de-chaussée, les murs sont inondés d'icônes, d'ex-voto, de reliquaires. À première vue, l'univers de Mariette est angélique. La Vierge Marie est une silhouette tutélaire, présente à chaque pas, rythmant l'espace de mélodies pastorales. Elle est peinte, incrustée dans les meubles, tatouée sur des sacs et des marionnettes. Elle protège les soldats qui s'en vont au combat. Elle plane sur le destin des hommes. Mais les anges s'estompent et la présence d'archanges sulfureux se fait plus lourde. De somptueuses compositions retiennent l'attention, comme la répétition d'un culte animiste : ce sont des accumulations de petites têtes en céramique, collées sur du bois. Les yeux sont exorbités, les bouches sensuelles, gourmandes, les visages émaciés. Les têtes répétées à l'infini sont comme rétrécies et disposées en étoile. L'œuvre, assimilée au vaudou, est la marque d'une Mariette qui s'abandonne aux forces occultes. L'inspiration est infernale quand elle peint des diables qui tourmentent les luxurieux comme dans le Grand calendrier des bergers de Lyon, angélique quand elle égrène la Vierge Marie aux quatre coins de la Maison. Chez Mariette, la religion catholique côtoie les cultes païens. Jeu de sorcière et recherche sur la mémoire des dieux, sur la mort comme le Jeu de mauvais œil. Une inspiration fourmillante de pierre, d'os, de plumes, de rouages de montres, d'offrandes de cimetière, de perles, de paillettes de céramique, de baigneurs aux corps cerclés de têtes. Des figurines sont transpercées d'épingles, des momies alignées dans des petits casiers de bois palpitent, des idoles de papier mâché mâchonnent des prières ancestrales.

Le premier étage est dédié aux poupées joyeuses, pimpantes qui surplombent la mezzanine. Elles vont à l'enterrement d'un manuscrit, une histoire que Mariette se raconte les soirs de pluie sur la Grande Chartreuse. Les matériaux sont rudimentaires. En ce sens, elle suit la route de l'art brut. Mais le projet est construit, emmailloté dans des assemblages précis, étiquetés, affirmés. Elle colle des vieux débris, enchâsse de céramique, des reliques, des trophées. Une technique rehaussée de collages, d'accumulation d'objets et de matière. Un bricolage cultuel. Enfant, elle été la disciple de son père, Marc Pessin, graveur et fondateur d'une civilisation imaginaire. Femme, elle trace une voie unique dans l'art magique. Un peu à la manière des géomanciens chinois qui croient que la terre est un être vivant.

La Maison de Mariette
rue du Souvenir-Français
38380 Saint-Laurent-du-Pont.
Tél : 76 55 17 73.

Mariette dans sa maison.

Ex-voto.

La Ruche de Ris-Orangis

« ... Heureux qui peut d'une aile vigoureuse

S'élancer vers les champs lumineux et sereins. »

Charles Baudelaire, *Envol.*

Le Tao dit : «L'œuvre une fois accomplie, retire-toi ». Les compagnons errants d'Art-Cloche se sont éparpillés dans la ville. Un groupe d'entre eux s'est installé à Ris-Orangis dans une ancienne caserne de l'armée de l'air. Ils sont six, trois Français, deux Russes et un Chinois.

Oeuvre de Jean Starck.

Le premier, Henri Schurder, est né à Meknès, au Maroc. Les événements sanglants de la guerre d'indépendance le poussent à l'exil. « Plus tard, dit-il, j'ai parcouru, le bâton à la main, les routes de la pensée. » Squatter artistique pendant dix ans, il s'installe à la Ruche de Ris-Orangis en 1990. Il y expose des compositions enchâssant des rats géants et des momies d'oiseaux crucifiés. Il utilise des matériaux de récupération organiques. Les cadavres deviennent une matière, une histoire, un passé. Il farfouille, sculpte pigeons, chats, chiens écrasés. Il explique : « L'animal écrasé fait partie du quotidien à Paris. Et pourtant ça ne dérange personne. Mais dès qu'on le sort de son contexte, la rue ou le trottoir, ça choque. Jeter un chat mort sur une table, ça dérange; ce qui choque, c'est le déplacement du regard. » Ce qu'il aime, c'est le métissage du mammifère et de la ferraille. Ses tableaux illustrent le poème de Baudelaire, *Une Charogne*, où beauté et pourriture se mélangent. Pour Schurder, c'est le temps, le mûrissement qui fait un beau tableau.

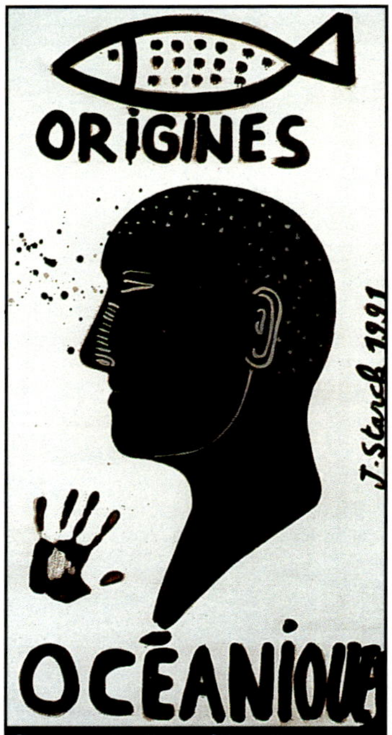

Oeuvre de Jean Starck.

La Ruche de Ris-Orangis
C.A.E.S.
rue Edmond-Bonté
91130 Ris-Orangis.
Tél: 69 06 26 92.

Le second, Jean Starck, est né à Cornimont, dans les Vosges. « Un jour, dit-il, j'ai envahi une immense usine désaffectée, une friche industrielle et j'ai décidé d'y installer mon atelier éphémère... » Il se déclare néo-primitif. Il magnifie les débris de la société de consommation. Proposant un retour animiste à la nature, il construit des œuvres pariétales, invente un art primitif au milieu du vrombissement électrique de la mégalopole. Jean Starck n'est pas un saint mais il spiritualise les détritus. Au soleil couchant il peint des animaux rupestres, des buffles fantomatiques, des bisons blanchâtres, des formes fragmentaires entre deux ruines de HLM, il plante des totems bariolés au milieu de carcasses de limousines brûlées. Jean Starck pense que la peinture est le reflet de ce qui préexiste dans l'homme avant l'homme, avant la civilisation technicienne et la culture cérébrale. « Tout s'est joué bien au-delà, confesse-t-il, bien avant l'homme. » Un éblouissement, un inconscient sacré que Starck manipule pour obtenir des « sculptures primaires ». Pour lui, l'art a perdu son âme, il est devenu un ingrédient parmi d'autres dans la civilisation des loisirs. Sur ses peintures-reliefs, il exalte le pourrissement du monde, il annonce une nouvelle Renaissance.

Les autres artistes s'appellent Lolochka, Nicolas Pawlowski, Fang et Khats-Min. Lolochka aime les oriflammes, les masques verts et Francis Picabia. Pawlowski est le peintre russe co-fondateur d'Art-Cloche, Fang, le chinois qui peint l'envers du miroir et Khats-Min, le biélorusse, peintre de civilisations émiettées.

« Oiseaux et rats morts crucifiés », d'Henri Schurder.

Lolochka.

Les bois aux Créatures

« J'ai choisi de faire de l'art en marchant,

en utilisant des lignes et des cercles, ou des pierres et des jours. »

Hamish Fulton.

Pierre Rapeau est un maquilleur de la nature. Fatigué du monde, il est retourné un jour dans les bois de son enfance, prenant le paysage du Périgord comme un grand cahier pour y inscrire ses rêves et jeter comme le Petit Poucet des bouches et des yeux sur les écorces et les granites. La journée de ce peintre des arbres obéit à un rituel étrange et précis . Au petit jour, il part à bicyclette, le nez au vent, au rendez-vous des arbres, deux gros pots de peinture brinquebalant de chaque côté de son guidon. Comme un Indien, il s'enfonce dans les bois moussus chargés d'odeurs d'herbes mouillées et d'écorces, et se perd dans les buissons, le regard flottant, scrutant l'ombre épaisse des sous-bois. Par surprise, il capture sur les troncs noueux de châtaigniers morts les formes endormies qui gisent secrètement dans les souches hérissées, les racines arachnéennes et les grosses boules de granite qui affleurent le sol. Alors il prend ses couleurs et grime avec douceur les arbres à l'agonie. D'un coup de pinceau, il souligne l'arrondi d'une bouche pulpeuse, l'ovale d'un œil, le mufle rouge d'une licorne, révélant ainsi nymphes et dryades assoupis dans les plis des arbres. Le résultat est surprenant, mystérieux. Des elfes, des guerriers indiens, des femmes-fées, des totems masqués surgissent sur les loques des arbres oubliés dans leur tombe forestière. Pierre Rapeau délivre les divinités sylvestres prisonnières des écorces. Il leur donne un visage déshabillé de rides, les baptise de noms sortis de sa propre mythologie. Les arbres morts se métamorphosent alors en Cosaque, en farouche Gobeur de ciel, en Vieil Insurgé au visage cruel, en Femme-Licorne aux cornes rouges, en Jean-sans-tête, en Père-la-Colère aux yeux accusateurs, en Homme-mouton doré...

« Le vieil insurgé ».

Les bois aux Créatures
(30 km au nord de Nontron).
Quatre circuits libres
à partir de Labrousse-d'Abjat,
24300 Abjat

« Le roi Crapaud ».

« Granite ému ».

Autant de silhouettes légendaires empruntées aux récits de sa grand-mère. Les bois s'animent, se peuplent d'yeux rieurs, vengeurs, qui agacent les bûcherons et effraient les petits enfants. Étrange bal masqué pour ce grand maître des arbres cornus et branchus...

Attentif aux gémissements des branches, aux bruissements du feuillage, le tatoueur des bois évite de blesser les arbres. Il les caresse en les peignant. Ses interventions se veulent éphémères : la pluie, le vent, la neige effacent les visages mais, têtu, il recommence, courant d'un arbre à l'autre. Amoureux de ses créatures, il raconte, les yeux mi-clos, l'histoire de chacune de ces souches, roches, racines qu'il a peintes : « En regardant les troncs morts, je sentais qu'il fallait que je délivre les esprits prisonniers qui se dessinaient sur les écorces. Je voulais que les blessures des châtaigniers se referment, que la forêt ressuscite ». Les arbres le guideront, l'appelleront au plus profond des broussailles. Une œuvre déambulatoire où l'anecdocte devient fragment d'une vaste histoire forestière. *La Belle Endormie*, par exemple, fut de tout temps un simple bloc de granite d'hiver, du rose s'attardait sur la pierre et il rêvait ainsi jusqu'à la nuit tombée, bercé par les vents oiseleurs. Un jour, caressant le rocher, il sentit la forme parfaite d'une bouche. En une nuit, il peindra frénétique les deux demi-visages d'une femme, soulignant les lèvres charnues et les yeux mi-clos. Tout près d'un étang, le Roi Crapaud guette les égarés et des sorciers masqués attendent la nuit pour filer au sabbat, là-bas, du côté de Puizillou et de La Roderie. Un itinéraire initiatique qui s'est enrichi d'une grande fresque au saut de Chalat, racontant la légende des cloches d'Abjat, une légende noire faite de jacqueries et de misère, surgie de la fin du règne de Louis XIII...

Au fil du temps, les couleurs se sont faites plus crues, plus dures, les formes plus expressives. Le pastel tendre des débuts est devenu acrylique. Comme si le maquilleur avait eu envie de réveiller la nature, de rendre le granite vivant, l'écorce sensuelle.

La singulière aventure artistique de Pierre Rapeau évoque un art ambulatoire, celui des Pygmées. Un nouvel art primitif qui cherche son chemin dans les profonfeurs des bois périgourdins.

RENCONTRE AVEC UN ESPRIT DES FORETS

Amoureux de ses créatures, Pierre Rapeau raconte, les yeux mi-clos, l'histoire de chacune de ces souches, roches et racines qu'il a peintes.

Comment commence-t-on à peindre des arbres ?
Je me le demande. Au début des années 80, j'étais atteint de silence. J'étais prof de biologie. J'en avais marre. J'ai divorcé. Je suis allé parler aux arbres de mon enfance. J'ai repeuplé mon monde avec mes propres créatures, ma propre mythologie,
lointains échos des légendes que ma grand-mère me racontait.

Une sorte de thérapie ...
Me retrouver tout simplement et retrouver un monde que j'avais perdu de vue à Paris. Pendant ma période parisienne, je fréquentais seul et sans formation les galeries de peinture, surtout rue de Seine. Je me promenais toujours avec un carnet où s'inscrivait une recherche poétique entre dessins et texte. De là peut-être cette envie d'écrire sur tous les supports possibles du paysage, arbres, souches, terre, glace, neige, outils agraires abandonnés, croix, feuilles, vieux murs...

Vous aimez les arbres ?
En regardant les troncs morts, je sentais qu'il fallait que je délivre les esprits prisonniers qui se dessinaient sur les écorces. Je voulais que les blessures des châtaigniers se referment, que la forêt ressuscite. Un psy dirait que j'ai projeté mes fantasmes sur les structures guidantes des châtaigniers morts... Mon divan déambule dans les bois ...

Avez-vous le sentiment d'avoir évolué ?
Depuis quelques années j'ai peint sur les gros blocs de granite dégagés de leur arène, toujours présents eux aussi dans mon enfance. Les figures y sont plus dominées, régulières, humaines.

Comment vous définir ?
Je déambule et je farde les arbres. Un ami, Jesper Svenbro, dit que je suis un dendrographe, du grec « dendron » (arbre) et « graphie » (peinture). Ça m'amuse. Il ajoute qu'on pourrait écrire « une histoire de l'arbre en peinture ». L'aventure des dendrogrammes, quelle folie ! Vous savez, j'ai toujours l'impression que les arbres écoutent le battement de notre cœur

Pierre Rapeau près de la « Femme-Licorne ».

La Cathédrale

« Il a mis son œil dans leur cœur pour leur montrer la grandeur de ses œuvres. »

Ecclésiastique 17.8

Le rêve symboliste de Jean Linard commence en 1961, quand il achète à la lisière d'un petit bois du Cher une carrière de silex abandonnée depuis quatorze ans, pour y bâtir une maison aux toits pentus, ornés de pots de fleurs en forme de gargouilles et de monstres hilares. Une aventure architecturale qui se prolongera par la construction d'une cathédrale ne ressemblant à aucune autre. Ici, le toit, c'est le ciel ; les voûtes, les bras des arbres ; le chœur, un pré peuplé d'une vingtaine de volumes triangulaires en béton de trois à quatre mètres de haut, incrustés de céramique multicolore. Ils s'élèvent vers le ciel en hommage solennel aux vignerons de la région, le chœur percé de somptueuses rosaces faites de bouteilles et de débris de miroirs. Au bout d'un chemin pavé, une arche de brique et de pierre noire du Berry, dont les flancs éclaboussés de couleurs vives glissent sous la fraîcheur parfumée des hêtres et des chênes.

Tête d'ange dorée à l'or fin.

C'est la nef, avec ses arcades émaillées de vert, de rouge et de bleu, qui accueille la pluie, le vent et le soleil. Au premier abord, l'œil est attiré par les formes triangulaires et les pépites de couleur qui éclatent dans le flou des feuillages. Pas de statues ni de colonnes mais, sur l'herbe, de grands mobiles et des candélabres de verre, destinés à capturer les images qui passent. Suspendus à des branches d'arbres, des planètes-miroirs en inox rouge et noir tournoient lentement en cliquetant. La nef bourdonne de coups de cimbales furtifs. Une manière cubiste d'occuper l'espace, de peupler la nature de volumes multiformes.

La Cathédrale
Les Poteries
18250 Neuvy-Deux-Clochers
(30 km au nord-ouest de Bourges).
Tél : 48 26 73 87.

Réalisation et exposition permanente
de grès et de porcelaine
dans l'atelier de Jean Linard
(statuettes, plats, tasses, assiettes, coupes).
Musée de la céramique dans la Cathédrale.

L'accès à ce sanctuaire laïc se fait par un étroit porche en céramique, dont le tympan ruisselant de sculptures peintes est tatoué d'un « Jésus » en lettres multicolores. Chaque élément de la cathédrale est l'expression d'un symbole. Les volumes, ornés d'un cortège de disques solaires, évoquent les piliers pourvus d'étranges chapiteaux des églises romanes, avec volutes et feuilles d'acanthe ; les socles pyramidaux, historiés de figures allégoriques, la Trinité évangélique ; l'herbe et ses vagues de fleurs, l'Océan. Sur les murs, un chemin de croix en céramique court sous une treille. Dans le chœur où pépient les oiseaux poussent, au milieu des fleurs, des sièges en grès surmontés de têtes d'anges joufflus, dorées à l'or fin. Cernés de feuillage vert et rouge, ils taisent à l'ombre des piliers leurs désirs secrets de faunes rustiques... Dans leur cour fantastique, ils sont accompagnés des quatre évangélistes et de Paul, un ami de l'artiste, tous les cinq apparus un beau matin dans la nef sous la forme singulière de miroirs mobiles. La nuit, la lumière des étoiles et des feux d'avion vient mourir dans les yeux des anges devenus elfes et nains moqueurs.

Adossé à la maison de l'artiste, un baptistère croule sous un torrent de mosaïques dont les couleurs se reflètent dans une flaque de ciel jetée à ses pieds. Sans doute le chef-d'œuvre de ce céramiste inspiré qui a su hérisser son domaine de motifs évangéliques, exaltant sa foi personnelle en Dieu et les prophètes.

Il a fallu beaucoup de courage et d'imagination à Jean Linard pour mener à bien cette œuvre nourrie par une authentique recherche spirituelle. Ses anges rient, psalmodient la parole du Christ : « Je suis la couleur du monde, je suis la lumière du monde ». Comme les artistes médiévaux, il a une formation polyvalente : graveur, potier, céramiste, sculpteur. Son art s'en ressent : les lignes sont pures, les couleurs franches, l'inspiration géométrique.

La Cathédrale de Jean Linard est l'une des œuvres d'art populaire les plus achevées de France.

La maison de Jean Linard.

La Cathédrale

ENTRETIEN DANS LE CHŒUR DE LA CATHÉDRALE ENTRE CIEL ET BOIS. Jean Linard est né le 11 juin 1931 au village de La Marche, dans le Loiret. L'entretien a lieu sur l'herbe de la Cathédrale. Le moine-sculpteur ouvre une bouteille de sancerre, le sourire aux lèvres...

Avez-vous un plan de construction de votre Cathédrale ?

Non, je travaille à l'intuition. La nuit je rêve à ma Cathédrale et le jour, c'est le marteau qui fait les formes. Depuis 10 ans je bâtis ma Cathédrale.
Je retrouve mon enfance, quand je faisais des cabanes. La Cathédrale, c' est ma cabane sacrée.

Vous avez une formation d'architecte ?

La belle question ! J'ai passé quatre ans au collège technique Estienne, section gravure. J'ai travaillé ensuite comme graveur. Je me suis fait potier et, depuis 1984, bâtisseur de cathédrale. Il me suffit d'une bonne bétonnière et d'un four qui monte à 1200 degrés pour cuire la terre et faire mes émaux.

Rosace-vitrail.

Vous vous considérez comme un artiste ?

L'artiste du grand Créateur certainement...

Votre art est gratuit ?

Contrairement à la retraite, l'éternité est gratuite. La retraite ne m'inspire pas, l'éternité par contre est ma passion. Alors j'exprime ma foi en Dieu à travers la céramique, le ciment, la terre, le verre, la peinture... La terre du Sancerrois est riche, malléable.

Pourquoi tous ces triangles ?

Le triangle, c'est la Trinité.

L'intérieur d'une cathédrale obéit à une certaine architecture intérieure avec un choeur, une nef, un déambulatoire...

Ma cathédrale a le ciel pour toit. Elle dort à la belle étoile.
J'ai même une vigne à l'intérieur. Je passe de temps en temps la tondeuse entre les mobiles et les sièges. J'ai même des apparitions de ceps et de châtaignes. Voilà pour la topographie.
Le reste, on l'organise comme on veut. L'essentiel, c'est que ça pète de couleurs.

C'est un lieu de rencontre, de culte ?

C'est la maison de tous. À l'origine, je voulais travailler en communauté. Je me suis retrouvé avec ma femme et mes enfants. De temps en temps, on fait des petites cérémonies et des grandes fêtes...

Des projets ?

Pour bâtir une cathédrale, il faut cent ans. Alors il me reste encore quatre-vingt dix ans de travail. Il faut de l'innocence et de l'éternité, et l'éternité, j'en ai plein mes flacons...

Jean Linard.

Rosace-vitrail.

Les Divinités païennes

« Un homme jeta un javelot en l'air, vers les nuages.

À ce javelot était fixée une corde.

Il grimpa le long de cette corde

et rapporta sur la terre du feu qu'il avait pris au soleil. »

Conte australien.

Robert Le Lagadec.

Au milieu d'une prairie, quinze sculptures métalliques bravent la pluie, le soleil et le vent. Elles sont noires, aériennes, sauvages. Leurs mains sont des griffes d'acier, leurs visages de terribles mufles de métal déchiré. Leurs corps éclatés se terminent en queue de reptile. Des golems échappés d'une légende juive, des titans déchus, des démons ? « Des idoles que je dresse vers le ciel », explique leur créateur, Robert Le Lagadec, un Breton de soixante-cinq ans à la longue tignasse blanche. « J'invente un culte artistique dédié aux forces primitives. Je veux laisser une trace de métal derrière moi. »

Son père était porcher, sa mère basse-courrière et lui, poète-forgeron, plantera un beau matin son atelier à la lisière d'un petit

Les Divinités païennes
20, rue du Bon-Puits,
91140 Fontenay-les-Briis
(30 km au sud de Paris).
Tél : 64 90 80 18.
Visite sur rendez-vous.

bois de l'Essonne. Des tas de ferraille à même le sol, des outils rudimentaires, une masse, une pince à couper la queue des chevaux, une lampe à souder et un marteau...

Il raconte : « En me promenant un jour dans les bois, j'ai vu une souche et, plus loin, un bout de ferraille. J'ai soudé la souche sur le bout de ferraille... Alors j'ai changé de dimension. » La genèse de chaque divinité obéit à une liturgie précise, personnelle, énigmatique... Au matin, à peine levé, le combat contre la tôle commence. L'ermite sculpteur surgi de sa cabane redresse à grands coups de masse les vieilles tôles rouillées, humides de rosée qu'il a récupérées dans les casses du coin. Ça grince. Ça gémit. Le maître des tôles aplanit, affine les pièces au marteau sur son enclume, son tas comme il dit, donnant des volumes aux statues. Il tord, torture, triture la ferraille, façonne, trace à la craie des lignes blanches pour fixer les contours des formes : un bec, une corne, une chevelure,

« Belisama ».

un sein. Avec précision, il assemble de bas en haut les morceaux de tôle sculptée qu'il soude à froid, enfreignant ainsi toutes les lois du matériau noble. L'incantation métallique s'achève par le vernissage des statues au Rustol.

Lui, l'immigré breton, l'ancien commando, l'anarchiste, prend sa revanche d'artiste populaire, imprimant sa souffrance dans le métal, le fer qu'il fait plier selon sa fantaisie, à grands coups de marteau dans le silence de son champ de barbare. Toute la journée, tous les jours de l'année, Robert Le Lagadec pétrit avec allégresse des morceaux de cuves à mazout, des portes de chaudière, donnant ainsi une nouvelle vie aux anciens dieux celtes qui sommeillent dans sa mémoire lointaine. Robert frôle avec volupté les statues qui dressent leur cou métallique vers le ciel et murmure : « l'homme n'est pas encore né. Je montre sa douloureuse naissance. C'est ma façon magique de concevoir la sculpture... »

Une statue monumentale domine le champ : *Clameur*. Elle transpire de douleur et d'effroi. Son sexe est dressé, le visage déchiqueté. Les bras sont écartés dans une prière silencieuse, secrète, inquiétante. C'est l'homme inachevé, l'homme qui n'est pas encore sorti de sa condition animale, qui crie au milieu des herbes et des fleurs : « Aidez-moi à naître ». À sa gauche, l'Albatros qui n'arrive pas à s'envoler, cloué au sol. L'oiseau des mers se révolte : il a le poing tendu dans un signe de vengeance contre tous ceux qui l'ont persécuté à travers les siècles. À sa droite, un couple mi-homme, mi-bête s'affronte dans une danse frénétique. La femme menace l'homme qui demande pitié et ouvre ses bras en croix. Amour primitif, amour de fer. Parmi les pommiers, un Prométhée à tête de serpent, assis sur un rocher, protège le feu sacré qu'il a volé et un peu partout, comme jetés dans les feuillages, des filaments de ferraille sculptée, masques de métal, boucliers de guerriers, visages de déesses celtiques et d'hommes prostrés. L'univers de Robert Le Lagadec est celui d'un chercheur d'absolu : dur, tragique, cosmique.

« La Révolte de l'albatros ».

L'Hélice terrestre

« ... tout confirme ici que la véritable substance du monde est donnée par la forme en creux. »

Italo Calvino, *Collection de sable*.

Jacques Warminski est un de ces lumineux archi-sculpteurs qui se sont donnés pour folle mission de sculpter la terre. Hercule des troglos, il a transformé un hameau troglodytique qui abritait jusqu'en 1950 de modestes familles d'ouvriers, en un monumental espace d'arts plastiques. Une termitière humaine qui évoque l'air et la terre, une Hélice terrestre. La parenté artistique avec le Land Art est évidente mais, à la différence des expériences éphémères de Dennis Oppenheimer ou de Richard Long, Jacques Warminski travaille dans la durée. À force d'acrobaties architecturales, il a creusé loin du monde un labyrinthe qui s'enfonce comme une vrille dans le ventre de la terre, chantant à sa manière l'antique union de l'art et de la nature.

C'est au fond de la cour principale du hameau, creusée dans le calcaire, que l'Hélice terrestre est née. Celle-ci est édifiée selon le principe que toute forme a son revers. Au concave (surface en creux) correspond le convexe (surface bombée). L'espace est ainsi composé d'une surface souterraine, vaste ensemble de galeries creusées dans le tuffeau et reliées entre elles par de petits diverticules sombres et labyrinthiques et d'une surface à ciel ouvert, l'amphi-sculpture. Aux formes concaves des parties souterraines offertes aux mystères de la nuit, émergent en écho les formes convexes de l'Amphi-Sculpture ouvert aux clartés de la lune et du soleil. La structure majeure de l'Hélice terrestre, l'Amphi-Sculpture aux flancs moulés en forme de gradins, évoque les formes épanouies des sanctuaires mégalithiques maltais. Un amour du convexe qui se traduit par une conception sen-

L'Hélice terrestre
Espace d'arts plastiques permanent
Village troglodytique de l'Orbière
49350 Saint-Georges-des-Sept-Voies
(35 km au sud-est d'Angers).
Tél : 41 57 95 92.
Ouvert tous les jours du 15 avril au 15 octobre,
de 11 h à la tombée de la nuit.

L' amphi-sculpture.

suelle de l'art. Les visiteurs s'asseoient, se couchent, se roulent, mangent sur les formes. Le corps épouse les alvéoles, se love à l'intérieur, œuf, fœtus dans son ventre.

Sur son pourtour, une pente de cinquante mètres, en forme de pas hélicoïdal, permet de relier le monde aérien au monde souterrain auquel on accède en se glissant par une grande bouche de tuffeau qui avale le visiteur, l'entraînant dans de longs boyaux obscurs. Au centre de ces dédales, une sphère ronde et lisse, étonnante bille de mercure de 3,14 mètres de diamètre, qui matérialise le son des formes. Cette étrange qualité acoustique amplifie les cris et les murmures qui se répercutent à l'infini. Le son caverneux crée une sensation d'espace. Et puis, quand le silence revient, c'est comme une vague puissante qui assaille les tympans, purifiant les oreilles.

La surface des parois de l'Hélice terrestre est criblée de petits trous. Ce sont des personnages alvéolaires en état d'apesanteur. La tête en bas, ils dansent sur les murs. Leurs corps sont aériens, fluides. Qui sont-ils ? Des êtres imaginaires, des gens de passage, les fantômes des anciens habitants ? Peu importe. Il n'y a pas de symbolisme. Ce sont les formes qui déterminent l'aspect quasi charnel de toutes ces silhouettes anthropomorphiques qui peuplent les tunnels, créant une sorte de mystérieux langage aux signes cubiques, carrés, ronds... Comme une langue primitive qui se serait nichée dans la vieille terre angevine. Toute personne abordant l'Hélice terrestre se déplace dans les formes, au-dessus des formes, au-dessous des formes. Délicieux contact avec la matière. On passe du chaud (Amphi) au froid (souterrain), du bruit (Amphi) au silence (souterrain). Célébration de la lumière sur les gradins de l'Amphi-Sculpture, culte aux forces chtoniennes dans les galeries souterraines. La chair tout entière est sollicitée, langue, peau, yeux, oreilles, sexe...

ENTRETIEN AU SOMMET DE L'AMPHI-SCULPTURE, dans une lumière saumonée Jacques Warminski a 46 ans. Il a renoncé à une vie facile, consacrant toute son énergie à l'Hélice terrestre, sa maîtresse minérale. Promenant sa silhouette rabelaisienne au milieu d'une foule de jeunes assistants bénévoles, il explique avec fougue la naissance et la fonction de son œuvre.

QUELLE EST VOTRE FORMATION ?

L'École Boulle. J'ai eu un diplôme d'architecture intérieure et je suis parti sur les routes à la recherche de l'habitat souterrain dans les pays du soleil qui bordent la Méditerranée. J'ai fait ainsi six voyages d'études sur les troglos en Turquie, sept ou huit en Tunisie. Un vrai régal. Je voulais comprendre pourquoi et comment les gens vivaient dans la terre...

DANS DES TROUS ?

J'ai repris cette idée de trous que j'ai rebaptisés modules corporels. Quand on pense que toute une partie de l'humanité a vécu dans la terre et qu'elle est complètement ignorée ! Il y a peu d'études sur le sujet.

ET VOUS AVEZ ATTERRI DANS LA CAMPAGNE DE SAUMUR ?

Tout naturellement j'ai posé mon sac dans ce village troglo que j'ai acheté. Au départ j'ai fait toutes sortes de réalisations : des espaces ondulés, un gazon aérien... Un vrai délire. En 1988, j'ai créé une harpe éolienne. Il faut imaginer des constructions, des portes, des fenêtres découpées, reliées entre elles par des bo ducs bleus et jaunes tendus au-dessus du jardin. Un frotti-frotta avec le vent, qui se matérialisait en gémissements. C'était grandiose !

ET AUJOURD'HUI ?

À force de bosser dans un troglo, il fallait bien que je me mette à creuser moi aussi. J'imite les anciens habitants mais, à leur différence, je sculpte les parois, je module les formes.

L'ŒUVRE EST MONUMENTALE, DÉROUTANTE POUR CERTAINS !

Monumentale, on peut le dire. Cinq ans de travail. Neuf cent tonnes de tuffeau enlevé. Trois mille tonnes de béton manipulées. On a creusé plus d'un kilomètre de galeries. Quant à mon travail, il n'a rien de compliqué. J'ai tout simplement envie qu'on puisse se promener dans les sculptures et non autour comme dans les musées. Je désire que les corps des visiteurs épousent les formes des volumes, que la masse devienne charnelle. Une maison vivante en quelque sorte.

Jacques Warminski.

LE JARDIN DE PIERRE

« Le dernier des Song du Nord

rassembla de nombreuses pierres dans un jardin cosmique.

Ce parc passait pour un diagramme complet de l'univers visible et invisible. »

Roger Caillois, *Pierres*.

C'est en Bretagne que René Raoult, inspiré du ciel et de la terre, a fondé sa maison spirituelle : un temple totémique à ciel ouvert, constitué de dix-neuf statues géantes en bois, disposées en arc de cercle et édifiées sur un monticule de terre recouvert d'une herbe merveilleusement verte. Les statues, dédiées à l'Intelligence universelle, sont majestueuses. Elles plongent leur regard lourd et pénétrant dans l'épaisseur de l' univers. Ce grand temple totémique évoque à la fois les structures rituelles des Indiens d'Amérique du Nord et les créatures fantasmagoriques de Suzanne Wenger dans les bois sacrés d'Oshogbo, au Nigeria. L'œuvre ainsi réalisée s'inscrit à première vue dans la grande lignée des Singuliers de l'art, dont l'ancêtre universel est le facteur Cheval. Pourtant, elle s'en écarte au sens où sculpture et quête mystique sont ici intimement liées, totalement imbriquées, attitude qui renoue ainsi avec les anciens cultes magiques.

Ni hasard ni artifice dans ce lieu sacré, car l'esprit des dieux s'est fait matière dans les totems nés sous une pluie de pétales célestes. Une œuvre inouïe qui plonge ses racines dans les archives planétaires peuplées d' adorateurs de la Lune et des étoiles, qui dansent, pour l'éternité, autour de hautes statues hiératiques

LE JARDIN DE PIERRE
LA CHAPELLE SAINT-MICHEL
22290 PLÉHÉBEL
(5 KM AU NORD-EST DE PLOUHA)
TEL : 96 22 38 50.
VISITE SUR RENDEZ-VOUS.

appelant les dieux de l'Amour et de la Force...

L'aventure de René Raoult commence en juillet 1984, quand il décide de tailler à la tronçonneuse les fûts écorchés de chênes et de châtaigniers, plantant un beau jour au milieu de son jardin une statue de six mètres de haut, le totem Christ. À partir de ce jour, le simple sculpteur René Raoult, porté par une puissante force invisible, deviendra le bâtisseur inspiré du Jardin de Pierre. Architecture insolite dans la campagne bretonne, qui effraiera les voisins inquiets de voir s'élever dans le ciel des Côtes-d'Armor des« têtes d'Indiens ».

Tout à la fois pilier du Jardin et arbre du Savoir, chaque statue-totem porte le nom d'une divinité puisée dans la théurgie chrétienne et païenne, et compose ainsi un mystérieux alphabet mystique : le Christ, la Lune, les Sages, les Gardiens, la Mère, l'Univers, le Père, le Soleil, le Diable Vaincu... Le faiseur de totems aurait-il retrouvé la connaissance des arbres, l'ogham, le langage secret des Celtes ?

Les visages des totems sont graves. Certains sont borgnes. D'autres n'ont qu'une oreille, souvenir de la surdité de l'artiste. Leurs bouches sont char-

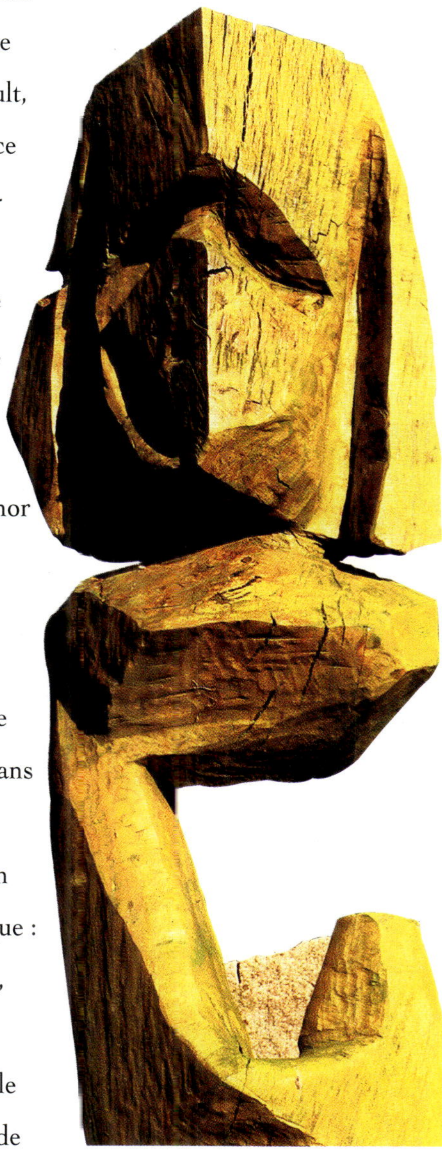

nues. Ils méditent sur le monde et ses sanglots. On reconnaît dans le travail de René Raoult cette inspiration celtique qui adore les lignes torturées et les entrelacs, le jeu de l'ombre et de la lumière qui passe sur les

visages anguleux, façonnant des traits durs, burinés par les embruns et le soleil bretons.

Outre leur valeur artistique, ces sculptures ont une fonction magique, capter les forces cosmiques. Le Jardin de Pierre est avant tout l'aboutissement de la longue quête d'un homme qui a vécu mille souffrances et a voulu confier au bois et au granite les forces primitives qui l' habitent.
La haute silhouette du Christ accueille les visiteurs, les invitant à pénétrer à l'intérieur du temple, chemin initiatique vers la Lumière. Gardien de la dépouille du Diable Vaincu qui se roule à ses pieds, il appelle les forces du Soleil levant à venir éclairer la planète. À ses côtés, la Lune, les yeux mi-clos, rêve. Plus loin un Sage, les mains sur son ventre orné d'un sexe géant, regarde le Roi Couronné qui garde son peuple de bois. Entre les deux, la Mère, hautaine, bénit les voyageurs de passage.
L'Univers à la bouche pulpeuse salue le Soleil à l'œil unique et perçant. Et comme dans tout sanctuaire, le miracle est présent : le dernier rayon de soleil, du mois de mai à la fin septembre, vient mourir sur le visage du totem Soleil. Le chœur de l'église est peuplé de dix-huit petits blocs de granite traités en ligne simplifiée : ce sont les Habitants qui prient, pétrifiés par le spectacle grandiose qu'offrent les totems. Ces pierres dressées sont gravées de dessins symbolisant les quatre éléments, la terre, le feu, l'air et l'eau. Des silhouettes d'oiseaux et de poissons, lune et soleil courent sur le granite, autant de signes qui rappellent le langage pictographique des Celtes.

Sous un pommier, les Pèlerins, douze blocs de granite venus ici méditer, sommeillent au soleil d'Armor. Une tortue de pierre veille sur eux. C'est la Tentation biblique.

De l'autre côté de la haie, un champ de pierres percées qui rappellent l'art fabuleux des temps mégalithiques.

Un sanctuaire dédié aux forces élémentaires que René Raoult a commencé à bâtir en 1992. Une symbolique très forte aussi. La pierre percée est la gardienne du monde. Le trou évoque le passage vers l'autre monde.

Dans la campagne environnante, le sage de Pléhédel a semé d'autres statues. À Kermarquer, ce sont trois totems sculptés dans un acacia abattu par l'ouragan en 1987. Devant le bar « La Justice », c'est le *Triomphe de la Vie*,, immense cyprès sculpté en compagnie de A. Kito, corps à plusieurs têtes grotesques et malicieuses. Voyage artistique dans un jardin de statues et de pierre, voyage initiatique dans le ventre du Dragon ? Avant tout un dépaysement, un ressourcement et certainement une évocation, celle d'une Bretagne sacrée, terre de mystère et de vieux cultes druidiques. L'inspiration de René Raoult évoque à la fois les mystérieux constructeurs et les sculpteurs bretons anonymes de l'art roman.

RENCONTRE DANS LE VENTRE DU TEMPLE

J'ai croisé pour la première fois René Raoult par un matin brumeux de mars 1988 ; une grande force émanait de cet homme râblé aux longs cheveux blancs tombant sur les épaules, comme une boule d'énergie pure qui aurait cherché à sortir de son corps ; son regard était de fougères et de ronces, tour à tour doux et épineux. Marié, trois enfants. Il parlait lentement.

Qu'est-ce qui vous inspire ?

Le ciel et le lointain enseignement d'un vieux sabotier, Tonton Jean, qui m'a initié aux mystères de la nature. Le soir après l'école, j'allais le voir. Je m'asseyais sur un petit tabouret et je le regardais taper sur le bois. Il ne parlait que breton. J'ai retenu une chose qu'il me répétait : « Touche avec tes yeux et vois avec tes mains ! » Je crois que c'est lui qui m'a commandé ce Jardin qui est mon église.

Avez-vous une formation de sculpteur ?

Pas du tout. Je suis un homme de la campagne. Mon père était chiffonnier et j'ai fait tous les métiers : tueur de mouches, boulanger, apprenti-boucher, manœuvre, concierge... J'ai aussi exposé au Salon des Indépendants, mais tout cela est loin. Maintenant j'ai trouvé ma voie : je sculpte l'univers à travers le bois et la pierre.

Comment a commencé le Jardin de Pierre ?

Chaque homme a besoin de trouver sa place, un lieu où il se trouvera bien, un site sacré. Un jour, un ami est venu m'annoncer qu'un bel arbre venait d'être abattu dans le bois voisin. Quand je suis arrivé sur les lieux, j'ai reconnu dans l'arbre couché le Christ qui dormait. Il me souriait. Ça a été un choc. Je l'ai ramené et sculpté pendant trois jours à la tronçonneuse. Le 14 juillet 1984, je le plantais en terre. Dans l'après-midi de ce même jour, une voix intérieure m'invitait à construire une maison pour ce Christ. Je suis allé en quête d'arbres et j'ai découvert ceux qui allaient devenir les piliers du futur Jardin.

Vous parlez beaucoup de ciel, de forces... Êtes-vous mystique ?

Je suis insatisfait du monde dans lequel je vis. Ce qui est sûr, c'est que les totems plantés dans la terre représentent pour moi le désir de m'élever, de me relier aux forces cosmiques.

Et votre nouvel espace, le Champ des Pierres Percées ?

C'est l'histoire d'une tribu qui adore la pierre percée. Le guérisseur se sert de la pierre pour y prendre de la force. Il va dans la forêt et trouve des pierres percées qu'il ramène dans sa tribu. Cette pierre est mystérieuse car par son trou, l'homme peut se glisser dans l'autre monde.

Claude Arz et René Raoult

LE VILLAGE D'ART PRÉLUDIEN

« Je suis le fou qui travaille pour l'esprit. »

Chomo.

Comme un ermite de l'art, Chomo s'est placé au bord de l'univers. Depuis trente ans, il idéalise les déchets, les ordures de la société, en plein cœur de la forêt de Fontainebleau. Il se déclare tour à tour poète illettré, sorcier, illuminé, sculpteur, médium, inventeur de l'art préludien. « Mon rôle sur cette planète, incante-t-il, est de déterrer les vestiges d'une civilisation défunte, de reconstituer tout un monde avec les déchets de cette société. » Parce qu'il rêve à une Apocalypse prochaine, il a bâti un domaine primitif, le Village d'art préludien, creusé au milieu des broussailles, un environnement « à l'usage des illettrés » où il veille sur les trente mille pièces de son œuvre réalisées à partir d'objets trouvés dans les décharges qu'il inspecte régulièrement ou ramassés dans la forêt – briques, bois mort, plâtre, grillage rouillé, morceaux de plastique fondu, bouteilles... Son inspiration, il la pioche aussi bien dans la Bible que dans les ouvrages de vulgarisation scientifique ou les images capturées dans sa mémoire lointaine.

Un long chemin mène au royaume du « voyant de la forêt ». Il a lâché des panneaux-poèmes dans les arbres en signe de prophéties provocantes : « Gerir par le refu de la gonesans », « Atansion o goufre du resoneman », « Fet un reve aveq Chomo ». À l'entrée du domaine, une barrière de grillage, « la Frontière ». Une pancarte : « Demandé lésé pasé pour lotre rive ». L'accueil est barbare. Dans le feuillage, un gong bricolé avec une vieille tôle peinte, sur lequel il faut frapper avec un marteau pour avertir le prophète.

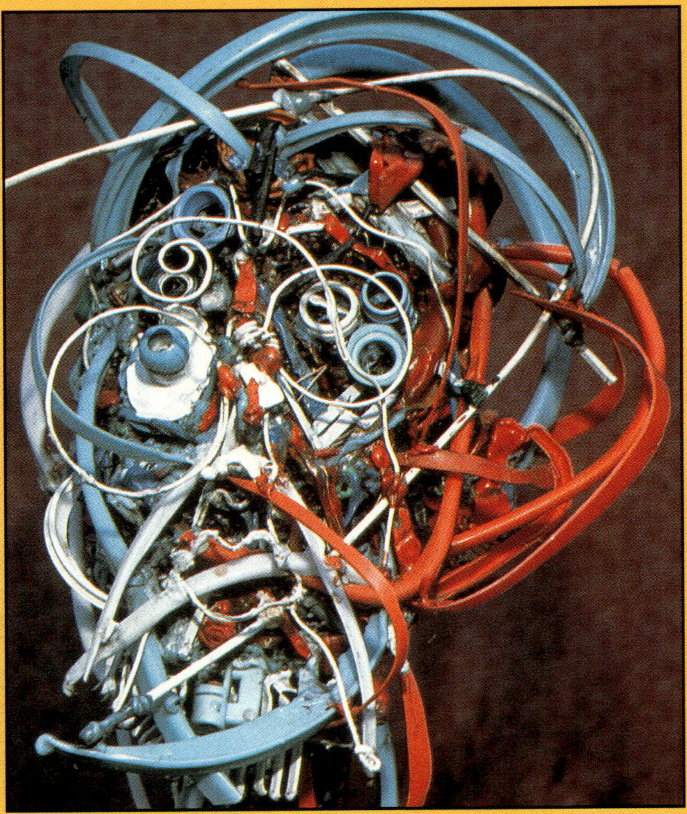

LE VILLAGE D'ART PRÉLUDIEN
77116 ACHÈRES-LA-FORÊT.
ACCÈS: SUR LA D 63, 500 M APRÈS LA SORTIE D'ACHÈRES-LA-FORÊT EN DIRECTION DE VAUDOUÉ, PRENDRE À DROITE UN PETIT SENTIER BROUSSAILLEUX. POUR BIEN SITUER LE LIEU, REPÉRER SUR LA ROUTE UNE INSCRIPTION - TROIS ZÉROS BARRÉS D'UNE FLÈCHE (C'EST AINSI QUE CHOMO SIGNE SES ŒUVRES) - QUI MARQUE L'ENTRÉE DU VILLAGE D'ART PRÉLUDIEN. OUVERT À LA VISITE SAMEDI, DIMANCHE ET JOURS FÉRIÉS.

Chomo.

Le village se répartit en trois espaces : l'église des Pauvres, le sanctuaire des Bois Brûlés et le Refuge. L'église des Pauvres est sa maison, à la façade ornée d'une rosace de bouteilles haute de huit mètres. Elle abrite la plupart des sculptures de verre et de plastique du « fou des bois ». « Mon but, c'est de détrôner le bronze. Je veux montrer que l'artiste pur doit être pauvre, je veux montrer qu'on peut faire des choses formidables avec rien ». Le verre est mis en volume par emboîtement.

Dans le sanctuaire des Bois Brûlés, le sol est fait de sable lisse qui garde l'empreinte des pas. « Comme je dis que c'est un sanctuaire et que le sable est lisse, les gens n'osent pas entrer. » À l'intérieur, les Bois Brûlés, sans doute les œuvres les plus inventives de l'artiste. La technique, très personnelle, suit un rituel primitif : Chomo ramasse dans la forêt des morceaux de bois, les assemble en totems qu'il nomme « modulations sacrées », et les brûle. Les formes sont noires, torturées. « Quand j'ai eu livré le bois blanc à cette Force qu'on appelle le feu, l'élément Feu, alors c'est un peu comme la céramique... Et je dis souvent aux visiteurs que ce sont des empreintes que je ramène d'une autre planète, j'en ai conscience, en passant par le tuyautage de l'intuition. »

Le Refuge, c'est une « épave de rêves réfrigérés», un espace sacré où il entrepose des statues filiformes, des sarcophages.

Chomo a des poussées mégalomaniaques : « Je suis le plus grand créateur d'images du monde », dit-il. Il touche à tout, ayant même réalisé des compositions musicales en mariant les aigus des abeilles au grave du bourdon.

Il sculpte au chalumeau, il fait fondre sur une armature de grillage le plastique des couvercles de poubelles, des vieux bidons, il y incorpore des débris de vaisselle, des morceaux de verre coloré, toutes sortes de papiers bariolés. Il fabrique des jouets stigmatisés, des têtes modelées dans la mousse de chaux. Les figures qui surgissent sur les murs, sont anthropomorphiques. Les titres des œuvres sont d'inspiration cosmique, mystique, polythéiste : *L'Ange sans mémoire* marche aux côtés des *Déchets de la galaxie* et de la *Vertèbre d'un dieu oublié*. Des masques jetés dans la forêt, des sarcophages dans des souterrains, comme autant de messages lancés par un patriarche solitaire. Il est devenu le maître vivant des art-brutistes, le Vieil Homme des archi-sculpteurs, certainement un des plus grands sculpteurs de la fin du siècle. Il rêve d'un centre d'art libéré, dans les arrières de Fontainebleau, sur plus de vingt kilomètres. Il a créé un espace d'exposition sans servitudes.

L'ATELIER-MUSÉE
RAYMOND REYNAUD

« J'aimais les peintures idiotes,

dessus de portes, décors, toiles de saltimbanques, enseignes,

enluminures populaires ».

Arthur Rimbaud, *Une Saison en enfer.*

Raymond Reynaud est un couturier de déchets industriels. Il transmute depuis dix ans dans sa maison de Sénas les détritus de la société de consommation en œuvres d'art singulières. Son talent ? Transformer avec truculence de vieux pots de fer en totems verts emmaillotés de filets de pêche, des morceaux de bois en statues lyriques. Comme d'autres fréquentent les cafés ou les supermarchés, il arpente avec délectation les bordilles, les jailles du Sud, les brocantes. Pour ce passionné du rebut, la journée est strictement ordonnée. Au lever du soleil, il file au volant de sa camionnette au bord de la Durance ou dans les bordilles. Là, il ramasse tout ce qu'il trouve : chiffons, emballages éventrés, vieux tuyaux d'arrosage, mousses, bois rongés. Une fois rentré chez lui, il lave soigneusement chaque épave et classe en petits tas dans son jardin les différents types de détritus. Il y a « le coin bouteilles », « la serre des jouets », « l'espace tuyaux », « la colline des plastiques ». Pris d'une ardente frénésie artistique, il sculpte, habille, barbouille, goudronne les vieilles peaux du monde urbain. Il ressuscite ainsi des objets rejetés, passés de mode. La métamorphose des ordures est souvent immédiate, quelquefois longue à mûrir. Un jour, il trouve un morceau de métal entouré de tissu de nylon. En quelques heures, ce sera un « Ermite ». Un autre jour, il pêche un tronc d'arbre recouvert d'un filet de hamac. Il faudra deux ans pour qu'il devienne une « Mariée » sous les doigts agiles de Raymond Reynaud. La technique est souvent primitive. Le « Vieux Monsieur Blanc » par exemple. À l'origine, un sapin de Noël en plastique. Raymond Reynaud y ajoutera un morceau de ballon d'enfant pour faire des cheveux. Des racines aux mains pour faire des gants. Un jet de peinture et le tour sera joué. Ça peut paraître rudimentaire, mais quand l'histoire se reproduit des centaines de fois, une œuvre s'ébauche.

L'ATELIER-MUSÉE RAYMOND REYNAUD
QUARTIER DE LA PEYRONNET, 13560 SÉNAS.
TÉL : 90 57 23 18.
VISITE SUR RENDEZ-VOUS.

En dix ans, le rez-de-chaussée de la maison du sculpteur est devenu ainsi un petit théâtre peuplé de dizaines de masques, de totems et de statues. Exécutés dans du plastique, de *Vieux Rois* courtisent des *Demoiselles* gardées par un *Cyclope*. Un *Arlequin vert* contemple un *Saint* enfoui sous du nylon. Des créatures grotesques dont les entrailles de plastique et de fil de fer contrastent avec leurs silhouettes, harmonieuses et sereines.

Mais la grande œuvre de Raymond Reynaud sommeille dans son grenier. Une série de tableaux racontant des histoires de cirque, de fanfares et de philosophes. C'est figuratif, les couleurs sont acidulées. Un dompteur, massif, parle à un lion. Le style naïf renforce l'aspect saisissant de la scène. Un chef d'orchestre dirige un groupe de musiciens. Les volumes sont éclatés, le graphisme élémentaire. Un pépiement de couleurs qui restitue l'énergie du chef d'orchestre planté en majesté au centre de la gouache. Une ambiance de cirque fortement soulignée par les lignes circonvulatoires, les lambris de la salle éclatés en feux d'artifice. Les visages sont juste ébauchés. Ici, l'art brut se souvient des cubiste. Un ensemble dominé par une somptueuse fresque à la gouache de 4 m de long sur 2 m de large, *Jean de Florette*. Une icône géante illustrant de manière médiévale le roman de Pagnol, avec un Jean de Florette tour à tour rayonnant au centre du polyptyque, habillé en blanc, entouré de sa famille ou allongé dans un cercueil fleuri, assisté de Manon jouant de l'harmonica. Des fruits, des soleils, la source, des personnages dans des médaillons comme de gros melons volants. Dans des sabliers qui constellent la fresque, des bêtes maléfiques qui cachent des secrets derrière leurs gueules belliqueuses. Un tableau qui a l'odeur des grands rêves que l'on fait certaines nuits, le corps apaisé, l'esprit parti loin vers les étoiles. Une impression résumée par J.-C. Caire : « À voir ses tableaux sur les fanfares tonitruantes, les cirques de la dérision, les veuves par surprise, les cancatrices de l'obésité, les bébés gloutons, les gens aux fenêtres, comment concevoir une représentation plus proche de l'imaginaire collectif. »

Détail de « Jean de Florette » (huile).

« La Voyante » (huile).

Unic au
Monde
INTRANCE
ADAME
TE & Cie
RECTION

ENTRETIEN AVEC UN INSTINCTIF

Raymond Reynaud est né le 8 octobre 1920 à Salon-de-Provence. C'est un vieil homme, un maître, toujours en mouvement, qui parle d'une voix gouleyante, fruitée, tard dans la nuit, de son travail, de ses expositions, du Mouvement des Singuliers.

Quelle est votre formation ?

J'étais peintre en bâtiment le jour mais le soir je suivais des cours de dessin aux Beaux-Arts de Salon. Je ne suis pas un intellectuel. Je suis un intuitif.

Vous fouinez dans les décharges ?

C'est mon lieu de travail. Je vais chercher dans les bordilles la matière que j'utilise pour fabriquer mes statues. Vous savez, il y a toute une vie dans les décharges. J'ai dû conquérir mon coin face à d'autres amateurs, les brocanteurs, les gitans... Il y a de la concurrence ! Mais pour moi c'est vital de trouver des vieux tuyaux, des outils usagés, des oripeaux... Un jour, j'ai ramassé une vieille machine à écrire. Elle avait été brûlée. Son squelette m'a fait frémir. Personne ne peut fabriquer une telle machine. Ça surprend ! Les ordures sont des matériaux mystiques... Ils font réfléchir sur le temps.

C'est-à-dire ?

Tous ces objets sont passés entre plusieurs mains. La sueur des hommes et le temps rendent mystiques les matériaux qui s'usent lentement. Comme nous d'ailleurs.

Vous travaillez vite ?

Rarement. Les statues m'épuisent. C'est comme si je faisais des offrandes. Je souffre quand je sculpte ou je peins. Je dors peu. J'ai mal au dos, à la tête, aux bras...

Vous êtes peintre aussi...

Avant tout. C'est mon sang. Ça gigote sans arrêt dans ma tête. J'aime la couleur, les paysages de Provence que je déforme selon ma fantaisie. Il y a des forces qui me prennent et je peins, le jour comme la nuit.

Vous avez créé le Mouvement des Singuliers...

Il porte même mon nom. Il a commencé en 1973. Ça a suscité de nombreuses vocations dans le midi. C'est un mouvement d'instinctifs. J'avais envie de réveiller chez les gens le besoin primitif de s'exprimer par des écritures, des formes, des signes, des volumes et des couleurs, pour sortir le spontané, le mystérieux, le fantasme...

Raymond Reynaud.

LES JARDINS D'ART BRUT

Ils sont ouvriers, maçons, plâtriers, paysans, chômeurs, tous modestes mais habités d'un seul désir : créer le jardin de leurs rêves, souvent dans l'hostilité de leur voisinage, quelquefois dans l'anonymat le plus total. Ils ont ainsi constellé le paysage français de dizaines de petits espaces peuplés de statues ou d'édifices faits de débris ou de déchets de la société industrielle, recouverts la plupart du temps de ciment coloré. Ethnographes de leur propre vie, ils décorent la grisaille de leur environnement. Comme une révolte silencieuse, une revanche sur leur condition sociale.

La Bohème

« L'art ne vient pas coucher dans les lits qu'on a faits pour lui.

Il se sauve lorsque l'on prononce son nom,

ses meilleurs moments c'est quand on oublie comment il se nomme ».

Jean Dubuffet.

Lucien Favreau faisait partie de ces bâtisseurs autodidactes. Ses voisins appelaient cet ancien plâtrier itinérant « le décorateur du Paradis » parce qu'il avait élevé dans son jardin de véritables mausolées dédiés aux poètes de sa génération. En réalité, il raconta tout simplement sa vie tourmentée à travers des ornementations naïves et des sculptures en ciment. Une dédicace à l'entrée : « Mon ami, mon chien, mon maître Cheval ». Sur la façade, un couple nu et une inscription rappelant le temps du « Flower Power » : « Faites l'amour, pas la guerre ». Dans le jardin, parmi le dédale de statues, une main géante de Coluche avec un cœur rouge et une date dans la paume : 1986. « C'est la main du cœur, expliquait Lucien, le regard vif. J'aime les artistes et je les salue à ma manière. »

Hommage à Brassens.

La Bohème
Hameau de Lavaure
16210 Yviers (50 km au sud d'Angoulême).

Depuis août 1990 les cendres de Lucien Favreau reposent dans le tombeau qu'il s'est construit au bord de la route qui longe sa maison, surmonté de trois grandes femmes filiformes. Le site a été sauvegardé après la mort de l'artiste. Les murs de sa maison sont toujours couverts de leurs fresques et, à l'intérieur, son chef-d'oeuvre reste son lit noyé de fougères et orné de la statue d'une ravissante jeune fille aux seins nus, *La Penseuse*.

Cet anarcho-mystique qui réussit à transcender son manque de technique et son origine sociale restera comme l'un des plus subtils Singuliers de l'art.

Hommage à Coluche.

LA MAISON DU MAÇON

Bernard Roux, ancien maçon, a décoré durant ces vingt dernières années son jardin troglodytique. « J'avais besoin de peupler les murs immenses et tristes de mon jardin. Une envie de faire quelque chose de gai. » Pour réaliser son œuvre, il a travaillé midi et soir, parfois même la nuit. Le matériau est simple : du ciment coloré qu'il applique avec une petite truelle. Les fresques ainsi réalisées retracent des histoires inspirées du monde de Walt Disney. Plus qu'un simple jardin décoratif, Bernard Roux, encouragé sans cesse par sa femme poète, a réalisé un jardin d'art intuitif.

LA MAISON DU MAÇON
RUE DES PERRIÈRES
49700 DOUÉ-LA-FONTAINE.

Chronique des jardins disparus

Qui se souvient de tous ces jardins d'art brut, fruits exubérants de la culture populaire, qui ont disparu au fil des années ? Fragiles, méconnues voire méprisées, ces œuvres sont mortes de l'indifférence de leurs contemporains. À jamais englouties dans l'épaisseur du temps, ressuscitons-les l'espace d'une évocation.

Il y eut les splendeurs de l'Ardennais Camille Renault, mort en janvier 1954. Il avait planté à Attigny, autour de sa maison sobrement ornée de frises sculptées, tout un peuple de statues où se côtoyaient le Christ, des Pietà, un grand cerf et un « curé qui lisait un véritable bréviaire en véritable papier », des généraux... Les barbares sont passés et ont tout détruit, aidés par les pluies et les vents. Une tête rescapée est conservée au musée de l'Aracine à Neuilly-sur-Marne.

Comment ne pas évoquer également la mémoire du Suisse Armand Schultess (1901-1972) qui mit en valeur sa propriété par tout un réseau complexe de chemins, de ponts, d'échelles et de miradors ? Il accrochait aux arbres des centaines de plaques faites de couvercles et de boîtes et recouvertes d'inscriptions en cinq langues. Prières ou simples poèmes lancés à l'aventure dans la nature ?

Il y a les jardins naïfs qui végètent comme celui de Raymond Guittet à Sauveterre-sur-Guyenne. Jardin oublié dans son propre pays et qui pourtant abrite des statues d'hommes et d'animaux illustrant des fables et des maximes. On pourrait aussi parler du rêve brisé du rocailleux Marcel Landreau dont une partie des délicates sculptures humaines et animales a disparu sous les coups des vandales à Mantes-la-Ville avant qu'il ne s'en aille ailleurs en emportant ses créatures de silex, de la triste fin du sanctuaire des lasers de M. G. à Nesles-la-Gilberde ou du mystérieux et inquiétant testament du curé Jean, inscrit dans la pierre d'un temple néo-païen à Aups. Les piliers du temple sont gravés d'inscriptions qui retracent l'histoire de l'humanité depuis les temps bibliques.

Mais le plus émouvant est certainement le sculpteur rustique Fernand Chatelain qui plantera au bord de la nationale 138, entre Alençon et Le Mans, plus de soixante-dix statues et constructions humoristiques en ciment polychrome. L'ensemble constitue une petite société rurale devisant sur les grands problèmes du moment. Une sorte de chronique sociale journalière. Fernand Chatelain avait commencé à agrémenter sa maison et son jardin, à partir de sa retraite, en bâtissant la réplique d'un château féodal qu'il avait vu en se promenant. Plein d'enthousiasme, cet homme qui fuyait l'ennui se mit à décorer les murs de sa maison et de son garage. Un jour il sculptait Pégase, le cheval ailé, utilisant l'intérieur de vieux sièges de voiture pour en faire le crin ; un autre jour des girafes rouges aux yeux chargés de rêves africains, un escargot géant à casquette d'ouvrier et toutes sortes de petits personnages comme surgis de la forêt voisine pour un banquet dominical. Cet homme de la campagne n'aimait pas les trous, les vides. Alors il plantait avec frénésie, dans son jardin, des êtres fabuleux tels les Centaures ou le Capricorne qu'il avait entr'aperçu au hasard de ses rêves et de ses voyages vers le Sud, qu'il faisait chaque année au printemps en compagnie de sa femme.

Il y eut aussi des projets qui avortèrent, comme celui d' Ousmane Gueye, un Africain exilé dans le Maine-et-Loire. La mort des arbres était ressentie comme un grand malheur par ce jeune artiste sénégalais. Il planta ainsi, au début des années quatre-vingt-dix, au milieu d'un grand champ de La Touche-des-Pieds, des troncs d'ormes sculptés et peints, l'ensemble devant devenir une Forêt bleue, couleur fétiche des hommes du désert. Sa forêt compta une vingtaine de hautes statues peintes d'un bleu vif et ornées de dessins torsadés évoquant l'Afrique, ses musiciens et ses bergers. Puis le nomade est reparti vers ses terres ancestrales.

Dans la Forêt bleue d'Ousmane Gueye.

Le Paradis de Monsieur Truc

Investi d'une mission divine, M. Truc a créé son paradis terrestre au pied du Lubéron. Un paradis exubérant car chaque élément décoratif qui le compose est constitué de milliers de petits morceaux de brique et de céramique colorée. Il a commencé par recouvrir patiemment une borie en ruine avec des morceaux de tuile rouge qu'il enchâssait dans du ciment frais et historiait de signes cabalistiques. Tout au long des années soixante il a débordé, transformant un terrain nu et inhospitalier en une planète flamboyante, peuplée de totems rouges et d'arbres morts entièrement recouverts de treillis métallique cimenté.

Une fois franchi le porche, surmonté d'une pancarte indiquant « Paradis », on emprunte une large allée, la « voie de Compostelle », ornée de somptueux dessins étoilés faits avec des coquilles Saint-Jacques et bordée de piliers totémiques fabriqués avec des moulages de pots de fleurs renversés les uns sur les autres. Une deuxième allée, ornée d'un portique rouge et jaune surmonté d'un panier fleuri, mène au tombeau de Monsieur Truc, dont la trappe toujours ouverte, sinistre trou noir, rappelle notre tragique destin. Derrière, une « tour-puits », sorte d'observatoire haut de huit mètres, auquel on accède par un escalier aux balustrades décorées de fragments de tuiles peints en jaune ; l'inspiré a renoué ici avec les cultes des forces souterraines des empires égyptiens et babyloniens.

Le Paradis
Allée des Cèdres
84220 Cabrières-d'Avignon.

Le jardin coquillage

« Hélas !

Pourquoi ont-ils bâti ma maison

au bord de la route qui mène à la cité ? »

R. Tagore, *Le Jardinier d'amour.*

Bodan Litnanski est venu d'Ukraine au début des années trente. Il a fait tous les métiers – faiseur de bagues, cordonnier et maçon. Son jardin est peuplé d'arches de ciment surmontées de jouets et d'objets trouvés dans les carrières de l'Aisne. Après la seconde guerre mondiale, pauvre parmi les pauvres, il doit abriter sa famille. Pour cela, il achète à Viry-Noureuil une vieille maison délabrée qu'il restaure avec beaucoup d'amour et de patience. Mais au début des années quatre-vingt, lassé de voir ses murs de faïences souillés par la poussière des camions et des voitures de passage, il décide de construire un mur à l'aide de coquillages et de morceaux de verre enfoncés dans des tuiles. « Avec du vieux je décidais de faire du neuf », explique ce vieil homme au fort accent ukrainien, au regard vif et clair. Il a continué, fouillant les carrières de la région, accumulant dans son jardin des centaines d'objets de la société industrielle – poupées, bouteilles, miroirs, piles, télévisions, stylos, peluches et animaux en plastique – qu'il choisit toujours avec beaucoup de soin. Forçat de la récupération, il rapporte le tout sur sa mobylette, parcourant certains jours des dizaines de kilomètres. Entre les fleurs et les légumes il creuse des fondations jusqu'à deux mètres de profondeur et plante des barres de fer, qu'il enrobe de ciment. Il enchâsse alors les objets de récupération.

L'ensemble forme un long labyrinthe fait de piliers baroques aux couleurs vives, d'où surgissent des bras de poupées et des tête d'animaux.

Le jardin coquillage
15, rue Jean-Jaurès
02300 Viry-Noureuil.

Le jardin des Supplices

Parmi les sites peuplés de statues en ciment peint, celui de Martial Besse occupe une place à part. Contrairement à beaucoup d'autres il ne peut, en effet, être qualifié de « naïf », malgré quelques touches parfois cocasses. Bien plus, le visiteur est plongé dans toute une mythologie sacrificielle qui l'imprègne peu à peu de son inquiétante étrangeté.

Dès l'entrée, le ton est donné par un allégorique couple formé d'une représentation féminine simplement vêtue d'un slip et d'un foulard de nylon rouges, opposée à une sorte d'animal tapi, langue pendante, prêt à bondir, tandis que derrière eux se profile une première représentation du Sphynx...

En ce lieu, dans une apparente fantaisie, se développent sous les yeux du visiteur les différentes scènes d'un authentique théâtre de la cruauté où, figée dans le ciment, se rejoue une mystérieuse et pourtant universelle tragédie : celle de l'homme confronté au désir impossible (...). En ce sens ce jardin offre un modeste contrepoint populaire aux aristocratiques monstres de Bomarzo.

Jean-François Maurice.

Le jardin des Supplices
La Castagnal
47210 Bournel.

LES NOUVEAUX CABINETS DE CURIOSITÉ

Ils montrent leurs collections d'art et d'objets étonnants. Ce sont des montreurs de curiosités. Ce sont aussi des artistes d'une certaine manière car les installations ne sont pas le fruit du hasard mais l'expression d'un travail exigeant, quelquefois instinctif, souvent brillant, inventif, stupéfiant. C'est l'aventure des descendants des princes du XVIe siècle.

Curios et Mirabilia

« Hic Terminus Haeret »

Virgile.

Au XVIe siècle, les princes cultivés étaient des curieux. On dirait aujourd'hui des amateurs ou des collectionneurs. Les formes les plus abouties de leurs recherches étaient les cabinets de curiosités, ces célèbres chambres des merveilles, grands résumés du monde où princes et érudits rassemblaient les ouvrages de l'homme (artificialia) et de la nature (naturalia). Ces théâtres du monde étaient des microcosmes où se mêlaient érudition et magie, sensibilité et légendes exotiques, celle de la licorne par exemple, dont la poudre avait la vocation d'être un contre-poison. Sujets d'étude et de controverse, les monstres et les animaux fabuleux excitaient curiosités et convoitise. Les collections pouvaient tenir dans un coffret, comme celui de la cathédrale de Canterbury. On y trouvait des médailles, des monnaies, des minéraux... Le projet était de mieux connaître le monde.

Au château d'Oiron, Jean-Hubert Martin renoue avec l'esprit de la Renaissance. Il ne s'agit pas de reconstituer un cabinet de curiosités mais d'en restituer l'atmosphère d'émerveillement. Le château est devenu ainsi un territoire d'expérimentation artistique où les artistes s'emparent d'inventions et les transforment. Passerelles entre l'art contemporain et l'art intuitif, ils y réinventent le monde, se réapproprient les objets de la civilisation post-moderne. Ils cherchent une nouvelle vision globale de l'évolution, révélant l'invisible. Jubilation des artistes aux frontières de la science, de l'art et de l'archéologie surréaliste.

Daniel Spoerri jette ses trophées majestueux sur les murs de l'ancienne salle d'Armes. Un Spoerri piquant, luxuriant qui dénonce la violence gratuite, la cruauté sanguinaire. Douze corps en morceaux faits de matériaux hétéroclites, armures, poupées, bois, roues, petites mécaniques. Assemblages lyriques sur des panneaux de bois. La vie explose sur les tableaux-pièges. Image de la diversité de l'univers et du chaos. Imbrication des œuvres humaines et de celles de la nature sous forme de têtes d'enfant-roi, de chevaliers errants, de femmes squelettes.

Curios et Mirabilia, une invention, un concept. Les objets exposés sont un support du discours sur les quatre éléments et les cinq sens. Les compositions sont épurées, les mises en place aérées, décalées. Dans le salon du Soleil, Charles Ross a transcrit sur la durée d'un an le passage du soleil. C'est l'hymne au feu qui évoque l'iconographie des anciens Indiens de Chaco Canyon. Grâce à des loupes qui concentrent les rayons du

Curios et Mirabilia
Château d'Oiron
79100 Oiron (30 km au nord de Poitiers).
Tél : 49 96 57 42.

soleil sur des panneaux de bois, Charles Ross a enregistré 365 brûlures qui restituent les étapes de l'ensoleillement d'une année. Chaque panneau de bois ne restitue que la brûlure du soleil et son intensité, laissant en blanc les passages nuageux. Chaque jour, chaque saison, l'angle de l'arc se modifie. L'expérience a été réalisé au Nouveau-Mexique. Comme par un effet de correspondance, Sara Holt, dans la chambre de la Lune, montre l'union cosmique entre Diane et Neptune. Elle a impressionné une pellicule photographique des rayons lunaires. Pour cela, elle a placé un appareil photo à l'objectif ouvert sur un bateau soumis aux roulis des vagues. Des dessins circonvulatoires, des traces divinatoires jetées dans le ciel. La nature s'invente une histoire lunaire.

« Masque ijele » de Mike Chukwukelu.

Dans la salle des Volants, quatre artistes honorent l'air. Annette Messager redonne vie à des oiseaux en leur tricotant des petits paletots. Panamarenko a reconstitué l'Archéopterix, le père de tous les oiseaux. T. Grünfeld a retrouvé la licorne légendaire inspirée par Pégase. L'évocation de l'air comprend aussi les effets de l'équilibre. Wolfgang Nestler a réalisé une subtile étude de l'air. C'est un balancier en métal en équilibre sur le coin d'une table. Lorsqu'on lui imprime un mouvement, son va-et-vient décompose le mouvement ondulant d'une grande aile planante. La salle des Ondes présente le parallélépipède construit par Toni Grand à partir d'anguilles noyées dans une gangue de polyester. La raideur de la mort des anguilles rend la géométrie approximative et vivante. C'est l'hymne à l'eau.

La salle des Métaux est investie par les adorateurs de salamandres et de serpents. Le métal est la richesse de la terre. Sa tranformation a enflammé la cervelle des alchimistes. Yon-Hee dans la Catastrophe intime donne un aperçu de l'état liquide du métal mélangé à des coloris mystérieux.

Tout comme les quatre éléments, les cinq sens forment la suite de la collection d'Oiron. Les œuvres sont ordonnées selon les catégories héritées de la Renaissance et font appel à la vue avec le jeu optique des figures bleues de Felice Varini, à l'ouie avec la musique de Gavin Bryars, à l'odorat avec Wolfgang Laib et son musée de cire d'abeille, au toucher avec le mobilier de Zanine et de John Armleder et le goût avec Fabrice Hybert et ses *Bonbons très bons* faits à partir d'algues et destinés à tous les orifices du corps. La recherche de l'osmose.

Le château d'Oiron, ancienne demeure de Claude Couffier, grand écuyer d'Henri II, est devenu un labyrinthe de l'art et de la connaissance de la fin du XXe siècle.

Les « Corps en morceaux » de Daniel Spoerri ornent la salle d'Armes du château d'Oiron ; fauteuils de John Armleder.

L'ARACINE

« Les œuvres d'art sont d'une infinie solitude ».

Rainer Maria Rilke, *Lettre à un jeune poète, 23 avril 1903.*

Il y a des gares, des trains qui surgissent de tunnels, des ponts, des métros. Il y a des noms de ville plantés sur des voies de chemin de fer : Copenhague, Milano, Vienna, Stockholm. Willem Van Genk a la maladie des vieilles villes européennes, le culte des guides touristiques et des cartes. Sur ses papiers marouflés, ses gouaches sur bois, se déroulent des réseaux de lignes qui filent dans la campagne, reliant les villes d'Europe centrale. Un rêve de route, des carnets de voyages, un flot d'images géographiques. Willem Van Genk est un des artistes emblématiques du musée. Il y a d'autres artistes exposés à l'Aracine, qui ont tous un point commun. Ils sont sans formation artistique, sans culture savante, parfois même illettrés, possédés par un violent désir de peindre ou de sculpter, utilisant aussi bien le crayon ou le pinceau classiques que le ciment coloré et des matériaux de récupération. Comme une rage de décrire des obsessions primitives, choquantes, convulsives. En tout, 2 500 œuvres sans beauté attrayante ni esthétisme académique. Ces artistes vivent la matière, la couleur, avec exubérance comme Josué Virgili (1901-1990), détenteur de l'ordre géométrique universel, qui commencera à la retraite son œuvre de ciment peint incrusté. Quand il travaillait, il prétendait « entrer dans un lit de mamelles ». Une inspiration insolente où les dieux tirent la langue au monde, où les anges viennent caresser les hommes. Son disque solaire est devenu le symbole de l'Aracine.

Céramique de Josué Virgili.

Michel Nedjar fabrique des poupées de chiffon trempé dans le plâtre, le ciment, la terre. Une technique qui accroît leur aspect

L'ARACINE
PARC DE L'HÔTEL-DE-VILLE
93330 NEUILLY-SUR-MARNE.
TÉL: 43 09 62 73.

fruste, obscur. Jaber, le roi de Beaubourg, enrobe ses objets hétéroclites de papier collant, de plâtre et de tôle. Le musée aime aussi les artistes spirites, tous disciples du mineur Augustin Lesage (1876-1954) qui, à trente-cinq ans, entendit une voix lui dire : « Un jour, tu seras peintre ». Initiée par les esprits, cette confrérie rassemble Joseph Crépin (1875-1948) qui utilisait une technique des points perlés, identique à celle des faïenciers, Joseph Moindre (1888-1965), marchand de fonds de commerce qui réalisa des gouaches sur papier inspirées par ses guides spirituels.

Et puis il y a les femmes lyriques, particulièrement bien représentées dans ce musée hors normes. La première, Louise Tournay, dite « Loulou », palpe et sculpte la terre pour fabriquer des petites statues évoquant ses tourments. La seconde, Georgine Hu, plusieurs fois internée dans des hôpitaux psychiatriques, créait sur du papier hygiénique des billets de banque avec lesquels elle payait son médecin ; sur des dizaines de liasse surgissent des visages féminins à l'abondante chevelure grillagée. La troisième, Mme Ficher, sculptait dans son jardin des statues qu'elle recouvrait de coquillages rapportés d'Espagne. Ses voisins la considéraient comme une folle, une sorcière.

Madeleine Lommel, une des responsables du musée, honore tout particulièrement ces figures féminines de l'art brut, moins connues parce que leur travail est moins spectaculaire que celui des hommes. L'Aracine honore « l'art issu des racines de l'homme », sans filtre, ni recherche.

Terres cuites de Louise Tournay.

Art cru muséum

« Un jour, j'obtiendrai le portrait de mon âme. »

Bézian, *Totendanz.*

L'art cru est le patois de l'art, une sensibilité primitive. Ni art brut, ni art culturel, l'art cru chasse sur les terres vierges des pulsions. Guy Lafargue est son inventeur. Ce singulier psychothérapeute cherche à réaliser la synthèse de l'art et de la thérapie. Au lieu d'avoir recours à des soins chimiques ou des exercices de régression freudienne pour traiter les personnes dépressives, il les aide, au cours de stages intensifs, à sculpter, à peindre ou à raconter leurs fantasmes les plus délirants. Il les pousse ainsi à libérer leur inconscient. Une sorte d'exorcisme qui fait surgir les forces primitives tapies au fond de l'homme moderne. « Les oeuvres exposées ici ne sont pas le fait d'artistes professionnels mais de gens de la vie ordinaire, sans formation artistique, qui ont, à l'occasion d'une déflagration affective dangereuse, assisté à l'éclosion vigoureuse de ces œuvres étranges, tendres et brutales, inquiétantes, explique Guy Lafargue. Il n'y a pas de filtre. Les fantasmes sexuels, morbides, religieux, sont à ciel ouvert dans mes ateliers de création. Au cours de crises existentielles profondes, les gens expulsent les monstres qui les habitent. Ils crachent leur cruauté. »

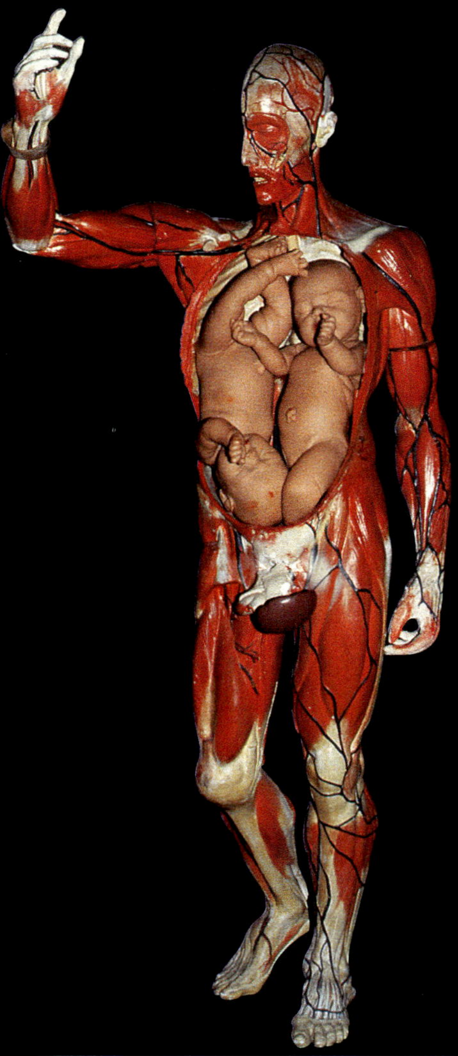

« Paternité oblique » de Guy Lafargue.

Des œuvres ainsi réalisées, Guy Lafargue a fait un musée, une sorte de galerie des démons de l'âme humaine. Dans une salle, neuf hexagrammes de Guy Lafargue représentent la vie, la mort et l'amour, et un impressionnant écorché, *Paternité oblique*, abritant dans ses entrailles deux bébés, évoque les figures de cire néoclassiques de la Specolla à Florence et les Saints-Barthélemy écorchés muscle par muscle qui ornent certains amphithéâtres d'anatomie en Italie. Dans les salles voisines, des œuvres en bois ou en argile d'anonymes qui ont créé sans recherche esthétique préalable. Elles expriment la délivrance, la respiration profonde de l'âme métamorphosée.

Art cru muséum
47120 Monteton
(20 km au nord de Marmande).
Tél : 53 20 25 30.
Visite sur rendez-vous.

Fresque de Philippe Aïni dans l'église Saint-Michel de Flines-les Raches.

Philippe Aïni est certainement l'un des peintres les plus féconds de la fin du XXe siècle. La légende de cet ancien pâtissier commence par une question surréaliste qu'il s'est posée un jour : « Où vont les cauchemars ? » Pour Aïni, ils se réfugiaient dans les matelas. Ils les a ouverts et a mélangé la bourre de matelas avec de la colle, inventant de façon instinctive une matière couleur chair avec laquelle il a fabriqué de grandes statues expressionnistes comme la *Femme aux moignons* ou l'*Unimembriste*.

En 1990, Philippe Aïni réalise une fresque néo-médiévale en relief de 7 m de hauteur, 13 m de longueur et 1,50 m de profondeur dans l'église Saint-Michel de Flines-les-Raches (Nord). Une œuvre qui évoque les danses macabres du XVe siècle. Les corps sont décharnés, les regards plongés dans l'ineffable. Inaugurée le 21 juin 1990, la fresque est devenue sacrilège pour une partie de la population du village. Les Monuments Historiques ont même vu une inadéquation entre l'œuvre et l'église Saint-Michel. Les autorités ont demandé à l'artiste de démonter la fresque. Celui-ci a résisté sans se soucier des cris et des haines. Solitaire, il continue à œuvrer dans son atelier normand

Musée des Arts forains

« Dans certains passages fameux,

on sait que des animaux sans nom dorment sans inquiétude. »

André Breton et Philippe Soupault, *Manifeste du surréalisme.*

Manège de vélos, 1890, par Callebaud et Decant (Belgique).

La diseuse de bonne aventure cligne de l'œil. Son mécanisme se met en marche. Sa main gauche cherche la carte. Elle se pose sur l'arcane I. C'est le bateleur. « Entrez, le spectacle va commencer ! » Un mandarin sourit, des lièvres aux grandes oreilles courent sur des manèges. L'orgue de foire Hooghuys de 1906 lance une vieille mélopée gitane qui résonne dans le hangar. Le temps d'un tour de manège et c'est le retour aux fastes des fêtes foraines de la fin du XIXe siècle.

À la fois site de réflexion et de rêve le musée des Arts forains restitue l'univers des femmes à barbe, des fakirs, des coupeurs de têtes. Il abrite treize manèges, trente baraques, deux mille objets, personnages et animaux. Des stands de loterie, des tirs, des façades d'attractions, et même un musée de cire créé par Jules Talrich en 1870, le Panopticum, qui expose des chairs malades et difformes. Jean-Paul Favand est le créateur de ce musée. Ce montreur de curiosités aime les sortilèges. Antiquaire et homme de spectacle, il fait son miel d'objets qu'il collectionne depuis vingt ans. « Les objets racontent des histoires : ils sont marqués par la transpiration de la main qui leur donne de la patine. » Parce qu'il aime les objets chargés, d'expression forte, il a fondé un musée des Arts forains qui abrite, selon son expression, « des monuments nomades ».

Les fêtes foraines sont nées au Moyen Âge. Sur les parvis des cathédrales, il y avait des peseurs d'or, des cracheurs de feu, des saltimbanques. C'est au XIXe siècle que l'art forain explose à la suite de l'exode rural massif lié à la révolution industrielle. Il fallait créer une rupture pour le peuple, qui vivait un quotidien difficile.

Musée des Arts forains
50, rue de l'Église
75015 Paris.
Tél : 45 58 65 60.
Ouvert les samedi et dimanche.

L'art forain devient alors un pastiche de l'art noble, popularisant des jeux aristocratiques tels que l'escarpolette, les jeux de bague et la montagne russe. Il n'y a pas d'artistes en art forain, il n'y a que des artisans qui ont imité les styles de l'architecture et de la peinture officielles : colonnades à chapiteaux, corniches, feuilles d'acanthe. Les sculptures qui ornent les frontons des baraques sont en ronde bosse ou en bas relief. Les portraits en médaillon style Louis XV, évoquent des hommes célèbres. Les fresques dépeignent des scènes bucoliques ou des féeries médiévales. Marius Coppier s'inspirera de Raphaël pour décorer les plafonds des carrousels. Après 1850, les forains mécaniseront les manèges.

Un manège raconte une histoire. Celui de vélos Callebault et Décanck par exemple, donnait à une population qui n'avait pas les moyens d'acheter un vélo le plaisir d'aller vite. Fabriqué en Belgique en 1890, il a la particularité exceptionnelle de posséder une polychromie d'origine. D'autres chefs-d'œuvre ressuscités sommeillent dans le musée, tels que le manège autos-motos pour enfants et les manèges d'animaux fabriqués par Bayol à Angers. Ils portent des noms poétiques : *Les Vagues de l'Océan*, *Les Montagnes Russes*, *Manège des vaches*. Les créateurs forains aimaient la surcharge, la démesure, la gourmandise onirique, les couleurs vives. L'évocation de l'abondance servie au peuple des faubourgs et des petites villes de province.

Manège autos-motos pour enfants, 1920, fabriqué dans le Nord de la France.

Manège de chevaux de bois pour adultes, 1900.

CENTRE DE L'IMAGINAIRE ARTHURIEN

« J'ai cherché la forêt la plus obscure. Le Graal est là, quelque part...

On le sait... La Bretagne en est possédée...

Les meilleurs, à la cour d'Artus, s'en enivrent jusqu'à la folie. »

Julien Gracq, *Le Roi pêcheur.*

Les vallonnements feuillus de la forêt de Paimpont résonnent toujours du cliquetis des armures scintillantes du roi Arthur et de ses preux chevaliers. Une aventure initiatique vieille de 700 ans qui draine la légendaire matière de Bretagne tout au long du Val sans Retour. Lancelot, le plus grand chevalier du monde, préfère l'amour de sa reine à la quête. Perceval n'ose toujours pas saisir le Graal, le vase sacré entr'aperçu une nuit dans le château du roi Pêcheur. Mordret est le traitre jusqu'à la fin des temps et Merlin se fait piéger par la fée Viviane dans sa prison de cristal. Ban, Bohor, Yvain, les fidèles chevaliers du roi, suivent immuables le Chemin des Folles Pensées, traversent la lande joyeuse, dorment auprès de la fontaine de Barenton. Un univers forestier où se nouent les pactes d'amour et de sang. Le domaine du merveilleux et de la lutte entre le bien et les forces obscures, la quête du Graal.

Si, comme le pense Julien Gracq, « le Graal est devenu le rêve du monde », il s'est incarné dans un château surgi d'un roman hugolien, le château de Comper. Une demeure secrète qui honore les œuvres modernes et anciennes consacrées à l'univers légendaire des chevaliers du Graal. La gloire de cette demeure médiévale est attachée à un des passages les plus fameux des romans des chevaliers de la Table Ronde de Chrétien de Troyes. C'est à l'abri de ses sombres murailles que Viviane, la dame du Lac, y éleva Lancelot, le préparant à devenir le preux des preux. Certains chuchotent que les nuits de pleine lune, on peut apercevoir le château féerique de Merlin, le palais de cristal, se refléter dans l'étang des mystères. D'autres attendent le réveil d'Arthur, symbole de l'indépendance bretonne. Un roi qui reviendra des îles d'Avalon saisir Escalibur, son épée flamboyante, et reconquérir ses terres.

C'est derrière les murailles de Comper que Claudine Glot a créé le Centre de l'Imaginaire arthurien qui propose une promenade dans le mythe arthurien à travers des expositions sur les enchanteresses, guérisseuses, souveraines et chevaliers de la Table Ronde. Une façon de prouver que l'épopée arthurienne n'est pas qu'une histoire d'hauberts et de joutes guerrières mais aussi la recherche d'un idéal d'aventure et de fantaisie, d'harmonie entre l'homme et la forêt.

CENTRE DE L'IMAGINAIRE ARTHURIEN
CHÂTEAU DE COMPER
56430 CONCORET.
TÉL : 97 22 79 96.

« L'Apparition du Graal ».

L'église du Graal

Dans l'église de Tréhorenteuc, au cœur de la forêt de Paimpont, la tradition chrétienne rejoint les légendes celtiques. Une église dont le décor s'imprègne des aventures des chevaliers du Graal. Elle abrite en effet de curieux tableaux et de magnifiques vitraux célébrant les vies aventureuses des chevaliers qui hantaient les hautes frondaisons des alentours. Le vitrail le plus spectaculaire est certainement *L'Apparition du Saint-Graal* représentant le roi Arthur et ses preux rassemblés au château de Tintagel. Au-dessus de l'entrée de l'église, une mosaïque allégorique évoque un épisode de la chevalerie, celui des Temps Aventureux. Le Christ est représenté par un grand cerf blanc portant un collier et une croix sur le cœur, symbole de charité. Il est entouré par quatre grands lions rouges figurant les quatre évangélistes.

Centre d'Archéologie PESSINOISE

« Il se peut que l'homme, que l'imparfait bibliothécaire, soit l'œuvre du hasard ou de démiurges malveillants... »

Jorge Luis Borges, *La Bibliothèque de Babel.*

Sceau pessinois.

Monnaie pessinoise.

Marc Pessin est un cryptographe. Fondateur d'une civilisation imaginaire, il en est devenu le dépositaire universel. Tour à tour découvreur, linguiste, archiviste, il travaille dans l'ombre, accumulant jour après jour, mois après mois, les preuves matérielles de l'univers dont il a eu la révélation. L'aventure pessinoise a commencé par des fouilles sur le site des Charbinières en 1842 et poursuivies en 1964 par Marc Pessin. La surface étudiée est de 7 800 m^2. Le site focalise le territoire d'un peuple oublié, les Pessinois. Des archéologues comme Carm Nissep ont mis au jour, à coups de pioche, des fortifications, murailles gigantesques faites de gros blocs de pierre. Les découvertes mytho-archéologiques furent nombreuses, diffuses, babéliennes. Ainsi, les Pessinois utilisaient une technique d'écriture assez rudimentaire. Ils écrivaient sur de l'argile crue qu'ils faisaient cuire ensuite à deux exemplaires, quel que fut l'objet des transactions, financières, commerciales, littéraires. Les inscriptions pessinoises sont considérées comme des signes picto-idéographiques, au même titre que les écritures aztèques ou mayas. Traquant l'imperfection du langage, Marc Pessin a renoué avec la tradition occidentale des inventeurs de langues qui culmine avec la *Caractéristique universelle* de Leibnitz. Avec sept corps de caractères, il traduit l'univers intemporel des Pessinois.

Les pièces les plus précieuses sont conservées dans la salle au Trésor. Ce sont des coupes, sceaux, parchemins, plaques de carquois, galets ligaturés, fibules, sceaux et cylindres, céra-

Centre d'Archéologie pessinoise
Atelier d'art Marc Pessin
38380 Saint-Laurent-du-Pont
(30 km au nord de Grenoble).
Tél : 76 55 22 14.
Ouvert samedi et dimanche de 15 h à 18 h.

miques et monnaies. Un ensemble d'objets historiés de signes pessinois qui détaillent le destin révolu d'un petit peuple depuis le Néolithique et dont les traces se perdent dans les sédiments de l'Histoire. Des motifs qui se perdent en un grouillement inextricable de lignes sinueuses, d'excroissances et d'alvéoles. Elles se dressent, rampent, s'enchevêtrent. Mélange de vertus décoratives et de pouvoirs magiques. D'après Marc Pessin, de telles œuvres ont donné naissance aux entrelacs de l'art roman. Les tablettes pessinoises sont faites dans des grandes feuilles de vélin d'Arches trempées dans de l'huile d amande douce. Elles sont scellées par des vitrifications. Les rouleaux sont en terre cuite, recouverts d'étain et d'émaux métalliques. Les sceaux royaux étaient des signatures qui avaient pour fonction de rendre valide un document. La glyptique pessinoise est remarquablement décrite dans l'ouvrage de Gensfleisch Johann Georg Cylinder. Cette civilisation ayant eu un développement économique important, sa création monétaire connut une forte expansion, atteignant son point culminant un siècle avant J.-C. Les monnaies en céramique sont petites, rondes, ornées de signes symboliques dont la synthèse est loin d'être terminée.

Archives pessinoises.

C'est dans la crypte que Marc Pessin cache ses grands secrets : manuscrits et lettres peintes d'artistes inconnus, tous correspondants du graphomane. On dit qu'ils forment une confrérie d'une dizaine de membres en Europe dont la singularité est de correspondre uniquement par courrier. Pas de téléphone, encore moins de rencontres physiques. Quelques dépôts à la sauvette dans des boîtes aux lettres. Des techniques de services secrets. On révélera simplement qu'André Paille a inventé les Set'rhopi.

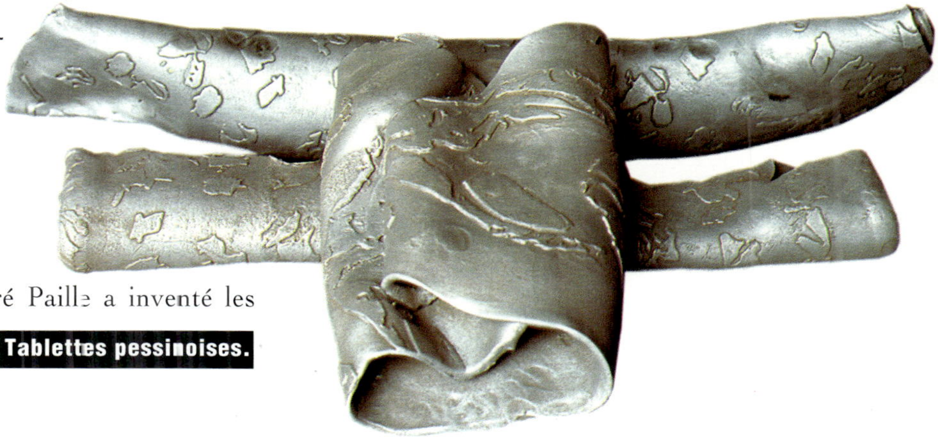

Tablettes pessinoises.

La Fabuloserie

« J'ai voulu que demeurent

Des feuilles, un peu d'or parmi les branches d'arbres... »

André Breton, *Couleur d'heures.*

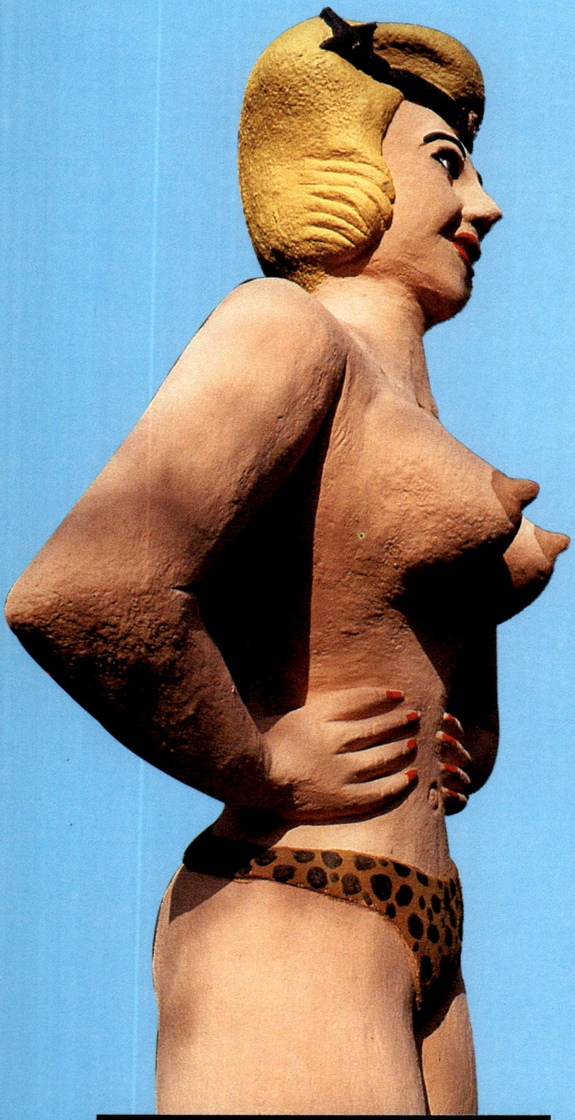

Statue de Camille Vidal.

La Fabuloserie
89120 Dicy (27 km à l'est de Montargis).
Tél : 86 63 64 21.
Ouvert de Pâques au 2 novembre les samedi, dimanche et fêtes, de 14 h à 18 h ;
tous les après-midi en juillet-août.
Visite commentée.

La Fabuloserie est devenue le grand refuge des artistes hors normes qui peignent, sculptent, dessinent dans le plus grand des secrets à l'écart des circuits artistiques professionnels. Fondé en 1983, ce musée rassemble un millier d'œuvres d'autodidactes, tous gens de condition modeste à la recherche d'une rédemption sociale. Une population d'ouvriers, petits paysans, vachers, forgerons dont l'extrême pauvreté associée à un imaginaire exubérant explique souvent le choix des matériaux : débris et déchets de la société industrielle, os, vieux tissus, boîtes de conserve, cageots, vaisselle cassée, plumes, fil de fer, bois flottés... Une collection privée réalisée sur plus de trente ans par Alain et Caroline Bourbonnais, un couple passionné d'art insolite, brut, insensé, qui découvriront dans les années soixante que la France est peuplée d' inconnus dont la seule raison sociale est de créer avec frénésie, sans souci esthétique, accumulant toiles, broderies, poupées marouflées, grès...

La Fabuloserie a sa légende dorée. C'est sur l'étagère d'un petit bistrot de campagne du Massif central qu'Alain Bourbonnais découvrit ses premiers objets d'art populaire: des racines en forme d'animaux fabuleux, sculptées par un retraité qui restera dans l'ombre. Dès lors, l'architecte vivra au même rythme que les singuliers de l'art. Une connivence avec Jean Dubuffet le poussera à fonder en 1971 une première ébauche de la Fabuloserie, l'Atelier Jacob à Paris.

L' accès à ce temple de

l'« outsider art » se fait par une porte étroite surmontée d'une niche où veille le génie des lieux, un vieux sage entouré d'un ange et d'animaux de ferme. À l'intérieur, on glisse le long d'un labyrinthe blanc peuplé de machines-sculptures comme la fameuse « Automaboule » de François Montchâtre, dédiée à l'Universelle Bêtise, et les bas-reliefs religieux de l'Italien Podesta, œuvres saisissantes, ensorcelantes, réalisées sur des panneaux d'aggloméré et pourvues d'écriteaux allégoriques racontant en lettres rouges l'histoire tragique de l'homme soumis à ses instincts. Des soleils, des croix, de la mort, le paradis perdu, des couples dansent, virevoltent sous les doigts incantatoires de ce manutentionnaire-prophète qui ne sortait jamais sans son manteau de prédications incrusté de scènes mystiques.

Au premier étage, deux greniers. Le premier abrite les jouets difformes d'Émile

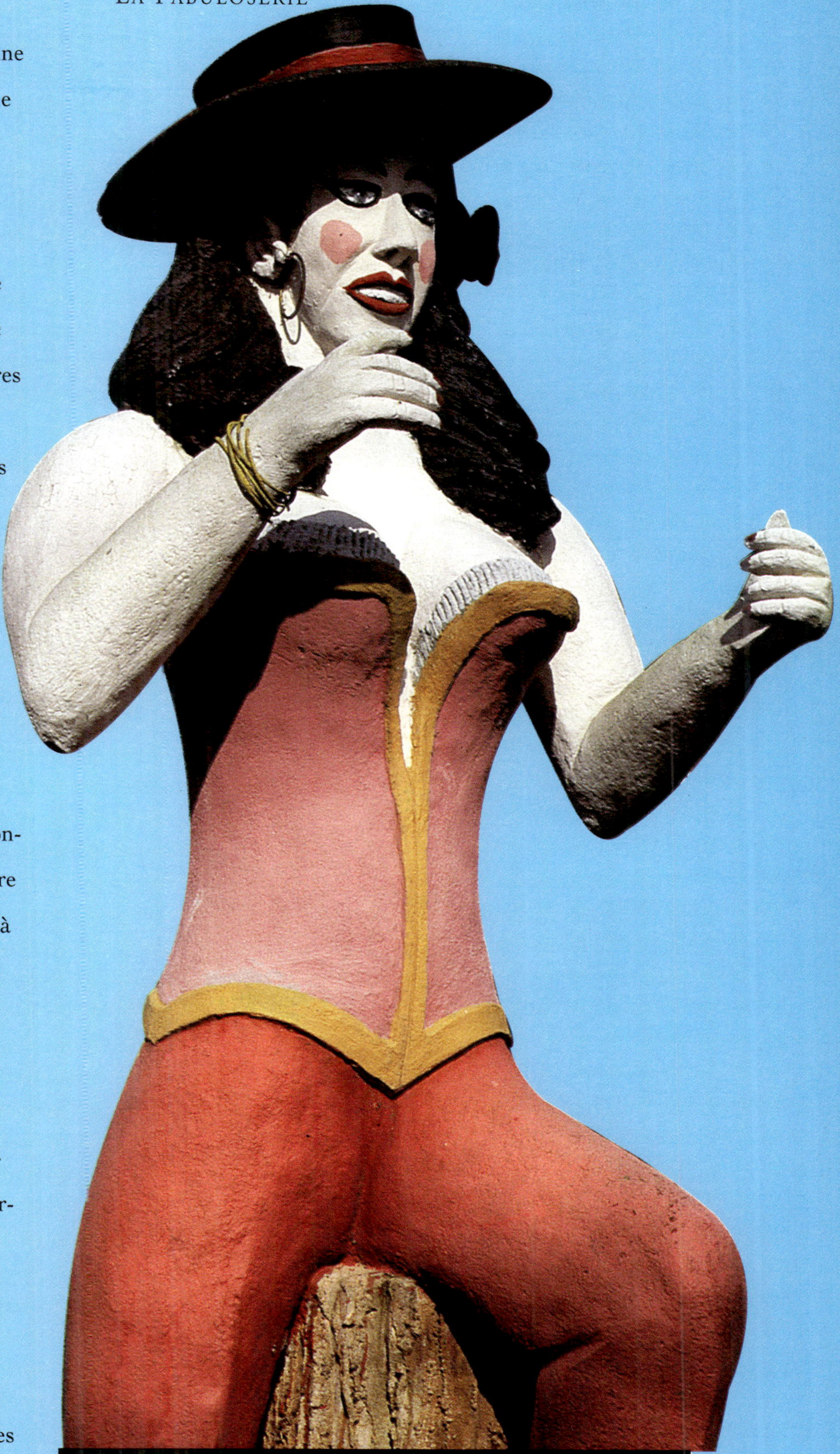

« L'Espagnole », statue de Camille Vidal.

« Churchill, Clemenceau et l'orchestre de singes », de Camille Vidal.

Ratier, un paysan du Lot devenu aveugle, et les monstres en grès du Berrichon Alain Genty, qui évoquent son enfer de paysan pauvre enfermé dans un hôpital psychiatrique pendant quinze ans. Un bestiaire de créatures souffrantes entourent son autoportrait en singe. Le second, le Grenier Noir, dont les murs sont tapissés de panneaux de bois sculptés et peints de Mario Chichorro, gardés par les mystérieux bois d'Abel.

Au rez-de-chaussée, au détour d'un sombre escalier, dans une petite salle qui sent l'humidité, les poupées ligotées de Francis Marshall racontent la vie tourmentée de Mauricette, une petite fille nourrie au calvados dès son biberon. Scènes noires de vie paysanne dans les années 70 pour des poupées faites de collants en nylon, bourrées de laine de matelas. La description est sombre. « Mauricette, c'est le regard trouble de l'adolescence en campagne, raconta un jour Francis Marshall. Mal coiffée, mal maquillée, mal soignée, mal nourrie, mal habillée, mal aimée, mauvaise conduite, mauvaises notes, je t'aime Mauricette, je te ficelle et t'attache dans mes boîtes et mes placards à tout jamais. »

Dans le Manège de Petit Pierre.

Une impression de malaise qui se dissipe dans la salle voisine, peuplée des joyeux Turbulents d'Alain Bourbonnais, géants bicéphales faits de papier mâché et dans lesquels l'architecte inspiré a installé des moteurs mécaniques rudimentaires bricolés avec des poulies. Quand on tourne les manivelles, les personnages tournent, dansent, avancent en grinçant. Il y a la *Célestine* dont le ventre est une église, *Madame Rose* qui fait le trottoir et *Mange-Tout* dont les yeux sont des paniers rehaussés d'os à moelle, piqués de pupilles en verre. Dans un entretien avec Mme Hidalgo pour la revue *Architectur und Wohnen* en 1977, Alain Bourbonnais confia : « le mouvement dans une sculpture c'est formidable, c'est bien plus près de la vie, bien plus près des guignols de mon enfance. Alors j'ai fait des trous et derrière, sur la face arrière, j'ai mis tout un jeu de ficelles extraordinaire où, en tirant sur un bras, ça faisait tout remuer, et c'est là où est né le premier Turbulent... Puisque ça remue, ça turbule... » Pour cet homme qui se disait « sous le vent de l'art brut », le dialogue avec les objets, les ressorts, les leviers, était fondamental, comme une révolte contre la civilisation machiniste contemporaine.

Dans le parc, l'Arche de Noé imaginée par un ancien maçon, Camille Vidal qui, à l'âge de la retraite, peuplera son jardin d'Agde de statues en béton coloré, hommes politiques, animaux de cirque et femmes pulpeuses.

Aujourd'hui transplanté, ce jardin est un étonnant exemple d'art spontané. Churchill et Clemenceau dansent au pied de hautes murailles, dans les fougères et les pâquerettes, au rythme d'un orchestre de singes, violonneux et joueurs d'accordéons, coiffés de toques rouges.

Au bout d'un chemin herbeux, le légendaire manège de Pierre Avezard dit « Petit Pierre », un manège déménagé de son lieu d'origine, La Coinche, et reconstitué pièce par pièce dans le parc de la Fabuloserie. Dans le manège de Petit Pierre, les vaches sont électriques et la tour Eiffel en bois. Le clin d'œil d'un garçon vacher orléanais, borgne et bègue, aux fêtes foraines. Les commandes du manège sont rustiques, fabriquées avec des clous rouillés, des bouts de chambre à air et des morceaux de métal qu'il avait ramassés pendant plus de trente ans. Des vaches-girouettes tournent en grinçant au vent de Bourgogne. Les pétales de fleurs sont en tôle.

Plus qu'un musée, la Fabuloserie est la mémoire des œuvres éphémères. Un site habité par des âmes errantes des jailles et des rocailles, peuplé par les oubliés de l'histoire de l'art. Les jours de fête, les enfants courent entre les statues, les adultes bavardent à l'ombre des Turbulents. On respire, dans cette maison « les pieds dans l'eau », l'aventure rare et précieuse d'un couple curieux, attentif aux courants souterrains de l'art.

« La vie de Mauricette : la soupe » par Francis Marshall.

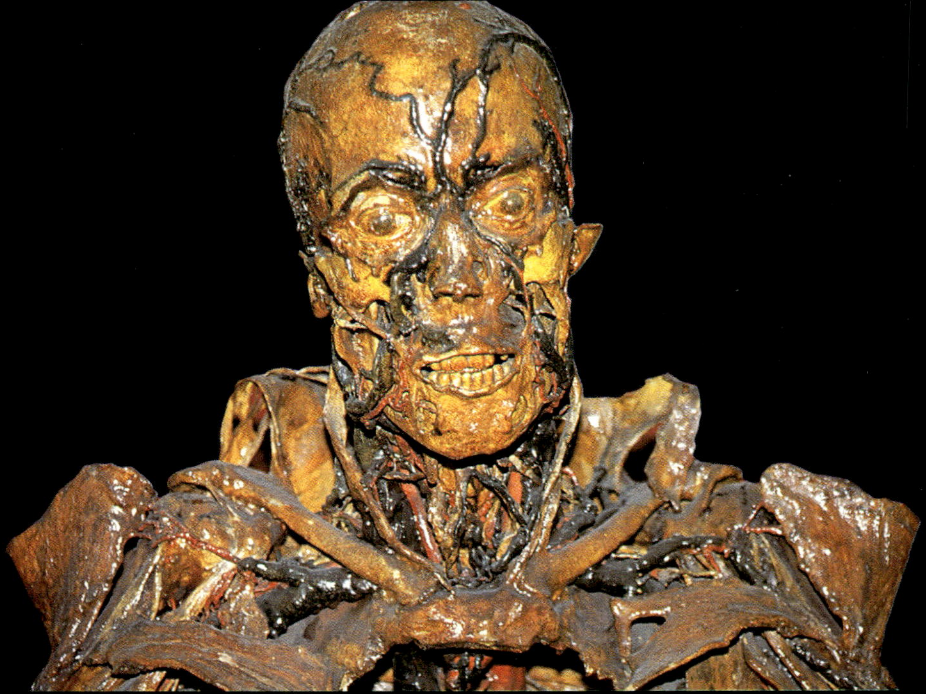

L'écorché est une idole issue des corps morts. Honoré Fragonard (1732-1799), cousin du peintre Jean-Honoré Fragonard, en fut un des plus brillants sculpteurs. Maudit, il sera accusé de folie par ses contemporains. Et pourtant ce docteur Frankenstein du siècle des Lumières, ce sculpteur de cadavres était d'un rare talent, restant à ce jour le plus fabuleux couturier de chair d'Europe, initiateur de la fameuse science des monstres fondée un siècle plus tard par Étienne Geoffroy-Saint-Hilaire. Son ancien cabinet d'anatomie est aujourd'hui transformé en musée peuplé de créatures effraya surgies d'un univers gla à la Lovecraft. La démo phie tératologique de Fragonard est riche. Il *L'Homme à la mandibul* rifiant Samson à la bou tordue, au nez cassé, au yeux exorbités, brandis une mâchoire de cheval encerclé d'une foule de dets dansants. Il y des h céphales et des vaches p lières qui se prosternen

MUSÉE FRAGONARD
ÉCOLE NATIONALE D'ALFORT
7, AVENUE DU GÉNÉRAL-DE-GAULLE
94704 MAISONS-ALFORT.
TÉL : 43 96 71 72.

devant le cavalier de l'Apocalypse. Parcourir ce cabinet d'écorchés, c'est passer dans l'univers des cyclopes, sirènes, licornes refoulés dans nos mémoires, autant de créatures fabuleuses, mythiques qui ont toutes une origine monstrueuse, des malformations congénitales. Une accumulation qui évoque le fameux *De Naturis Rerum* de Thomas de Cantimpré qui énumère au XIIIe siècle quarante-deux types de monstres dont les cynocéphales (hommes à tête de chien), les Sciapodes (hommes à un pied qui sert de parasol dans le désert) et les fabuleuses femmes fluviales à dents de chien.

L'embaumeur maniériste était doué d'un remarquable art théâtral qui transfigurait la simple technique. Il procédait avec beaucoup de méticulosité. D'abord la dissection du cadavre, puis le nettoyage des os, les parties molles étant plongées dans l'eau-de-vie additionnée de poivre noir et autres aromates. La décomposition du corps ainsi obtenu commençait. Il peignait les muscles en rouge carmin, les veines au bleu de Prusse et les nerfs au plomb délayé dans l'huile. Au terme du décharnement décoré, il sculptait l'écorché, l'humanisait, animait le spectre anatomique, le clin d'œil toujours au bout du ciseau.

Trois siècles après Léonard de Vinci, Fragonard crée une physiologie en relief, instillant aux anatomies un esprit fantasmagorique rappelant la *Fabrica* de Vésale. Goût du morbide mais aussi description de la machine humaine selon les théories de la philosophie naturelle. N'est-ce pas Goethe qui disait en 1797 dans ses notes Sur le Lacoon : « Les œuvres d'art les plus éminentes que nous connaissions nous montrent des natures vivantes d'une organisation supérieure. On attend avant tout la connaissance du corps humain dans ses parties, ses masses, ses destinations intérieures et extérieures, ses formes et ses mouvements en général » ?

LES ANATOMIES DU BIZARRE

Le sujet est foisonnant. Trop peut-être, car il glisse souvent dans la complaisance morbide, mais la tentation était trop grande de ne pas susciter quelques adresses vénéneuses qui flattent la curiosité malsaine. Lors des réparations, en 1837, d'une chapelle de la collégiale de Saint-Bonnet-le-Château, on découvrit des squelettes conservés grâce à l'alun et à l'arsenic du sol. Aujourd'hui, on peut voir ces momies qui ont gardé la peau sur les os, dont un géant et une femme tenant son enfant dans ses bras. Une particularité : ces momies ont toutes une épouvantable cicatrice sur le corps. À Paris, les amateurs se promèneront dans la salle des Gueules cassées du musée du Val-de-Grâce et dans les galeries du musée d'histoire de la Médecine.

Musée des Graffiti historiques

« Le temps a laissé son manteau de vent, de froidure et de pluie,

Et s'est vêtu de broderie,

De soleil luyant clair et beau. »

Charles d'Orléans.

Serge Ramond est un mouleur de graffiti. Il prolonge les intuitions du photographe Brassaï, les recherches de Michel Thévoz. Mots d'amour, blues des prisonniers, cris de haine gravés ou griffés dans le plâtre, le calcaire ou l'écorce des arbres. De cette passion, il a fait un musée, une galerie des inconnus de l'histoire. « Pour moi, un graffiti n'est pas du vandalisme mais une œuvre d'art. C'est un art mural que l'on retrouve des catacombes romaines jusqu'aux tags et graphs des métros .» Des jets sauvages de détenus. La première fois qu'il a découvert des graffiti, c'est à l'église Saint-Pierre de Senlis. Depuis, il a traversé plusieurs fois l'Europe à la recherche de ce précieux patrimoine artistique. Les murs prennent une dimension humaine. Les graffiteurs vont laisser une trace visible de leur passage sur terre. Ils parlent avec les murs. Avec un vieux clou, un bout de ceinture, une pointe de verre, ils grattent la pierre, le ciment, le bois. Le plus célèbre d'entre eux, Clément Fraisse, sculpta une étonnante paroi lambrissée de sa cellule psychiatrique, entre 1930 et 1931. Derrière chaque inscription, il y a un homme, une femme, une histoire tragique ou amoureuse, bucolique ou sordide. Il y a cet émouvant message de Lili dans le donjon de Clermont : « Courage mes petites sœurs de misère, tout a une fin, même la souffrance. » Le cri d'une prisonnière soumise à une incarcération longue et pénible. Les messages de Berthe à Paulette, déclarations d'amour : « 2 cœurs unis pour la vie. Berthe de Grenelle aime Paulette de la Chapelle. »

Serge Ramond a refait une histoire parallèle, celle des anonymes, des prostituées, des rebelles, des pirates. Il a utilisé le support le plus immédiat, le plus visible : l'image. Ce Grand Curieux a été sur le terrain, en Normandie, en Picardie, en Anjou. Il a exploré, boussole et lanterne à la main, les vieilles tours de châteaux, les cloîtres, les oubliettes, les prisons, les cavernes, les usines, les souterrains, les moulins. Un jour, il réalise l'importance de ces signes et des dangers qui les guettent : froid, pluie, vandalisme. Il décide de les conserver. La technique est originale, personnelle. Réalisant sur place, quelquefois de manière clandestine, une empreinte à la plastiline, il coule ensuite un plâtre sur l'empreinte, permettant ainsi l'obtention d'un moulage fidèle. Au cours des vingt dernières années, il prendra ainsi 3 500 moulages de

Musée des Graffiti historiques
Impasse Jules-Ferry
60550 Verneuil-en-Halatte
(44 km au nord de Paris).
Tél : 44 25 30 10.

graffiti, démontrant que ceux-ci sont un phénomène social, une expression spontanée, un art mural.

La collection se répartit sur quatre niveaux. Plus qu'une installation didactique, c'est une promenade sur plus de 3 000 ans d'histoire. Des têtes de taureaux piquetées sur les roches de la vallée des Merveilles. Une barque solaire. Un gibet à fleur de lys relevé dans un souterrain du château de Selles. M.C. Solaar chante Villon. La reine Adélaïde femme d'Hugues Capet, surgit telle une grande prêtresse de l'ombre sur un pilier roman de Saint-Frambourg de Senlis. Peu de sexe, quelques Christ tracés par des chevaliers errants, comme à Gisors. La météo signée par un tisserand de Walincourt du XVIIIe siècle et les paraphes de couvreurs de la cathédrale d'Amiens en 1756.

Beaucoup de chaussures, symbole de liberté et d'évasion. Un poème d'amour expressionniste : « Doux amour puisse-tu périr comme je meurs d'amour pour toi » et une prophétie trouvée dans le cachot de Loches, datée de 1785 : « Sous peu nous détruirons ces hautes murailles, briserons ces chaînes et ferons disparaître ces tortures inventées par les rois trop faibles pour arrêter un peuple qui veut sa liberté. »

« Saint Laurent sur le grill ».

La guerre est présente avec des mots simples venus des tranchées de la guerre 14 : « Zut voilà qu'il pleut ». Les soldats attendent les assauts. Ils dessinent des Indiens, des femmes. Des marins dans les prisons des villes portuaires confient leur états d'âme. Des bricks aux voiles gonflées traversent l'océan.

Un poème surgi du XVe siècle, tracé sur les archères d'un couloir du château de Selles, clôture l'exposition. C'est Charles Augier qui l'a taillé au couteau sur un tuffeau tendre : « Mon cœur est rempli de tristesse et de douleur à cause de cette maudite fortune qui a fondé sur moi. Loin de liberté, cette belle dame, elle m'a banni et écarté, et mis en la tour de captivité, en laquelle j'endure (tant) de tristesse, tant de mélancolie, et (sans) Dame Patience, aussi Dame Espérance, également mon amie Florence, je serais tombé en désespérance. »

Le musée de l'Insolite

« Ce qu'il y a d'enivrant dans le mauvais goût,

c'est le plaisir aristocratique de déplaire. »

Charles Baudelaire.

Max Manent appartient à la famille des compulsifs qui dévorent les objets depuis leur enfance, des objets qu'il convoite, admire, touche, renifle. Plus ils sont insolites, plus il les admire. Ils prennent son âme, le possèdent. Une passion d'exalté, abritée derrière la façade bourgeoise du 28 de la Grand-Rue de Loriol-sur-Drôme. Un temple du sexe et de la mort, une des collections les plus bizarres de France. Les murs des longs couloirs sont ornés de tableaux ruisselant de fesses et de seins nus. Manifestant un goût immodéré pour la provocation, il crucifie la femme, offre son corps à des bêtes immondes, prostitue la mort. Les salles du premier étage sont surchargées d'objets rares et curieux, accumulation hallucinée de ceintures de chasteté, de pipes érotiques, de godemichés en caoutchouc, une série de bidets dont un à deux places à l'usage des lesbiennes. Dans l'angle d'un couloir, une petite note romantique comme oubliée là par hasard. C'est une viole d'amour sculptée en forme de corps de femme qui ensorcelle peut-être quelque fantôme de baronne alanguie sur le lit à baldaquin voisin.

Le musée de l'Insolite
28, Grand-Rue
26270 Loriol-sur-Drôme
(20 km au sud de Valence).
Tél : 75 61 63 88.

Ce qui importe n'est pas l'authenticité de l'objet mais son aspect étrange, provoquant, insensé comme ce presse-papier en forme de tombeau surmonté d'un sexe féminin, avec une double inscription : « Trop jouer avec moi peut mener au trépas » et « Toi qui me regardes ne ris pas, tu es passé par là ». Évocation subtile et noire du Pavillon des Plaisirs Secrets de Hiho-Kan au Japon, gorgé de phallus géants et de vulves béantes.

« La femme est une véritable religion pour moi », confie Max Manent élégant, la soixantaine épanouie. « Son corps, un sanctuaire. Je suis un peintre avant tout, et j'aime la grâce féminine, ses courbes, la plénitude des seins ». Une obsession érotique qui imprègne lourdement de ses vapeurs capiteuses le musée. Un aveu aussi de Max Manent : « Comme une chrysalide, je veux changer de peau. Devenir une femme pour mieux connaître ainsi les plaisirs de l'Amour. »

Dans une salle interdite aux moins de 18 ans, des photos de stars et de reines débauchées recouvrent les murs. De vieilles coupures de journaux relatent leurs frasques et leurs orgies, décrivent les amours salaces de Marguerite de Valois qui portait sur elle le cœur embaumé de ses amants. Dans cette galerie des nymphomanes, Catherine de Russie, la grande croqueuse d'hommes, surgit telle la Lilith, la Vénus noire des nuits.

Une vieille paysanne, les seins nus pendants flétris par les âges, travaille la tarare, son visage décharné se reflétant dans un miroir. Un réalisme macabre qui illustre la fascination de Max Manent pour la mort. Dans le musée de l'Insolite, la théâtralité prédomine. La chambre mortuaire que Max Manent a réalisée en est un exemple étonnant. Dans une petite salle du premier étage, nimbée d'une lumière crépusculaire, un cercueil trône. Son cercueil, orné de corps nus de femmes et capitonné de bas et de jarretelles. Adossé au cercueil, le squelette lascif d'une femme au long fume-cigarettes. « La mort je la connais, je l'ai déjà frôlée. Je la peins très souvent : ce n'est pas par défi, non pas par moquerie. Ce n'est pas que je l'aime, c'est que je n'y crois pas. Ce n'est qu'un trait d'union entre la Vie Future et celle du Passé ».

Pour cet homme qui aimerait être porté en terre par quatre femmes aux seins nus, la mort n'est qu'un passage et le cercueil un navire pour retrouver dans l'autre monde toutes les femmes qu'il a aimées. Cette scène morbide séduit les nécrophiles, choque les ingénus.

« Viole d'amour ».

Musée rural des Arts populaires

« C'est le livre du monde, le vent tourne la page,

voici le fragment du cœur singulier... »

Henri Pichette, *Les Épiphanies*.

Canne sculptée début du xxe siècle.

Lévi-Strauss explique que la collection est une préoccupation primitive. Raymond Humbert avait inscrit sa vie dans cette perspective. Sa femme Jacqueline Humbert fait son éloge : « Raymond était fasciné par la matière, la rouille, l'usure des outils, le veinage du bois d'une planche à laver... Il fut avant tout un précurseur, le premier peut-être à cerner l'art populaire, à inventer l'art insolite. » Dans un manuscrit de 1980, *Art insolite et Œuvres de patience*, il écrivait : « L'artiste populaire est souvent parti de la matière et des formes de la nature pour créer l'œuvre. Le coude de la branche, le nœud de l'arbre ont été sublimés au canif pour devenir histoire et message. » Ce qui intéressait cet amoureux des « souterrains », c'étaient tous ceux qui avaient pris les chemins de traverse de l'art, qui s'étaient un jour ou l'autre essuyé les pieds sur « le paillasson de la culture ».

Raymond Humbert aimait vagabonder dans les friches de l'art et de l'artisanat. Il fit pendant trente ans la grande chronique de l'art populaire, accumulant des milliers d'objets. En 1977, lui et toute sa famille vont bâtir un musée pour abriter les richesses de leur collection. L'œuvre d'une famille au service d'une mission : conserver la mémoire des bricoleurs, des charretiers, bourreliers, savetiers, forgerons, ressusciter le

Musée rural des Arts populaires
89110 Laduz (30 km à l'ouest d'Auxerre).
Tél : 86 73 70 08.

patrimoine des humbles qui produisent des œuvres d'émotions. Il définit ces œuvres « par le sentiment qui s'en dégage, le choc que l'on reçoit, leur étrangeté et leur inattendu. » Des œuvres rares récupérées dans les années soixante et soixante-dix chez les brocanteurs, ferrailleurs, dans les vide-greniers, dans les foires de Brest, de Metz, de Chatou.

Pas de rentabilité immédiate, ni de préoccupations matérielles dans l'exécution. Presque de la gratuité, de la force et des rêves. Un imaginaire foisonnant, évoquant la civilisation rurale, famille, piété, fête. Des jouets, des mariés en mie de pain, des vierges en os de mouton. Itinéraire de l'homme entouré d'objets familiers, de dragons, de girouettes, de colombes, de pierres.

Enseigne de gantier.

Enseigne de sabotier.

Musée rural des Arts populaires

Les œuvres exposées sont souvent anonymes, surprenantes, comme ce fauteuil paysan du Berry aux accoudoirs formés de bras et de mains. Des épouvantails à bras palmés qui tournent au vent, des gargouilles en forme de dauphin, des cages à oiseaux en forme d'église ou de château. Un décor qui surgit. Une œuvre spectaculaire achetée dans une foire aux antiquaires à Toulouse comme cette sculpture en os représentant une messe d'enterrement au début du XIXe siècle. Dans le cercueil gisent une femme et son enfant. Un prêtre bénit les corps. Les colonnes sculptées évoquent le cimetière et le culte des morts. L'église est stylisée. L'œuvre est inspirée par la douleur. Sans doute le mari et père qui a célébré la mémoire de sa petite famille. Dans la lignée seigneuriale du boucher Louis Carmeil qui fabriquait des objets à base d'os polis et de boutons. Dans le même esprit, une église en bois sculpté et peint, datée du début du XIXe siècle. L'art populaire au service de la foi, glorifiant la grandeur de Dieu. Des anges posés sur les corniches prient pour le salut des hommes. Un Christ en croix, signé Rhein, le 12 mai 1864. Une statue symbolique, sans doute d'un charron compagnon du tour de France. « Œuvres gigantesques, œuvres minuscules, œuvres éphémères, la sculpture populaire s'est retrouvée partie intégrante de notre civilisation. »

Croix de marinier de la Loire, fin du XIXe siècle.

Raymond Humbert est mort un jour de septembre 1990.

À LIRE : *Le Symbolisme dans l'art populaire*, Raymond Humbert, éditions Dessain et Tolra, 1988.

Jouets en bois.

Le Petit musée du Bizarre

« C'est avec l'ordinaire qu'on fait du bizarre. »

Anonyme de 11 ans.

Serge Tékielski, dit Candide, est arrivé au hameau de Bayssac après mai 68. À l'époque, il ne fallait pas grand-chose pour être bizarre et lui, l'ancien adjudant, commencera à fureter dans les caves, les greniers, les décharges publiques du bas Vivarais, à la recherche d'objets alors exclus et dédaignés. Les gens du pays murmuraient sur son passage mais Candide était têtu, accumulant des centaines d'objets fabriqués par des inconnus pour leur seul plaisir. Il ouvre en 1971 le Petit musée du Bizarre dans les caves labyrinthiques de sa villa gallo-romaine. « Alors rapidement, explique-t-il, les caves se parent de vieux outils insolites, de cannes sculptées, d'ex-voto en bouteille, en peinture, de tableaux de paille, de cheveux, de statuettes, de bas-reliefs, de sculptures en bois, en pierre. » Son musée devient très rapidement un jardin des différences, une enclave libertaire, comme le voulaient les slogans de mai 1968, où se rencontrent ferrailleurs, bricoleurs, autodidactes ruraux, ornemanistes naïfs. C'est ainsi que Candide est devenu un montreur de curiosités à une époque où il lançait son cri favori : « Cheval ! réveille-toi, ils sont devenus fous ». Ce fut la rencontre du souffle d'un anarchiste avec l'art populaire caché.

La première salle honore la main de l'homme, celle du berger inconnu qui a sculpté une excroissance de bois, un soir de printemps dans les collines en gardant son troupeau de moutons. Il a accentué à peine les formes préexistantes de la racine de buis qu'il a coupée. Le sujet est satanique, une sorcière accompagnée d'un gnôme prépare le breuvage de maléfices dans un chaudron taillé dans un ceps de vigne. Un art diabolique présent également dans une statuette en bois naturel du début du XXe siècle dans laquelle le sorcier plantait ses aiguilles d'envoûtement. Les têtes sont primitives, inquiétantes, souvenirs paysans de cultes archaïques.

D'autres racines sculptées, hautes à peine de 40 cm, montrent un couple dansant. Les partenaires sont nus. Ils esquissent un tango langoureux, s'embrassent, virevoltent. Au-dessus d'eux, une pendule en racines et branches tourmentées, tatouée d'un cadran maçonnique daté de 1843, égrène le mouvement du temps végétal. Des témoignages ethnographiques sur la vie rurale dans le bas Vivarais. Le soir, à la simple lueur de la lampe à l'huile, certains paysans taillaient leur monde, leurs fêtes, leurs peurs dans le bois et la pierre. Surgissaient ainsi sous leurs doigts rugueux de travailleurs de la terre, des silhouettes tourmentées.

Le Petit musée du Bizarre
Hameau de Bayssac, Lavilledieu,
07170 Villeneuve-de-Berg
(30 km à l'ouest de Montélimar).
Tél : 75 94 83 28.

Dans un coin, posée contre le mur, une œuvre émouvante : un grand bâton en buis sculpté de trente-et-un personnages qui évoque l'empereur Menenlick à la bataille d'Abyssinie, un ensemble réalisé par Legrand Joseph en 1901. Sur des étagères, un porte-plume, un calendrier gravé sur une porte ancienne en noyer. Dans une salle voisine, un lit cévenol en noyer occupe la place d'honneur. Son montant sculpté figure deux couples nus entrelacés. Des serpents se lovent sur les jambes des femmes. Ils suscitent le péché biblique. Les hommes ont les pieds torsadés. Une scène qui invite à l'amour nocturne. Dans des niches, les rudes sculptures de Fernand Duplan (1899-1976) honorent la race perdue des tailleurs de pierre. Les sujets sont familiers à l'enfance, animaux de ferme et petits enfants sur le chemin de l'école. Des scènes croquées il y a cinquante ans.

La cave la plus spectaculaire est celle du peintre et conteur Lattier, où sont exposés en permanence les panneaux écrits et peints de ce montreur d'histoires, héritier des colporteurs médiévaux, qui raconte les peurs, les cauchemars et les révoltes du peuple occitan. Cette vaste « mémoire en couleurs », qui évoque parfois l'univers grinçant de Clovis Trouille, est faite de descriptions crues, sauvages, humoristiques : ex-voto à la gloire de la Vierge Noire dans un paysage de neige et d'horreur, ventre de femme qui vomit un serpent aux yeux cupides sous la pression d'un guérisseur hilare, faits divers tragiques qui ponctuent la vie des petits paysans, histoires de soucoupes volantes et de noyades sur le plateau ardéchois. « Ma rencontre avec Lattier fut un grand tournant, raconte Candide, le géant aux yeux doux. C'est un des rares faiseurs d'histoires peintes de notre temps. Mais j'expose d'autres artistes comme Dereux avec ses épluchures, Fernand Michel et ses bouts de zinc, Calandre et ses rats. Je veux que le Petit musée du Bizarre incite à la création, pour montrer qu'elle est au fond de chacun, qu'elle n'est pas un privilège, ni un acte gratuit ».

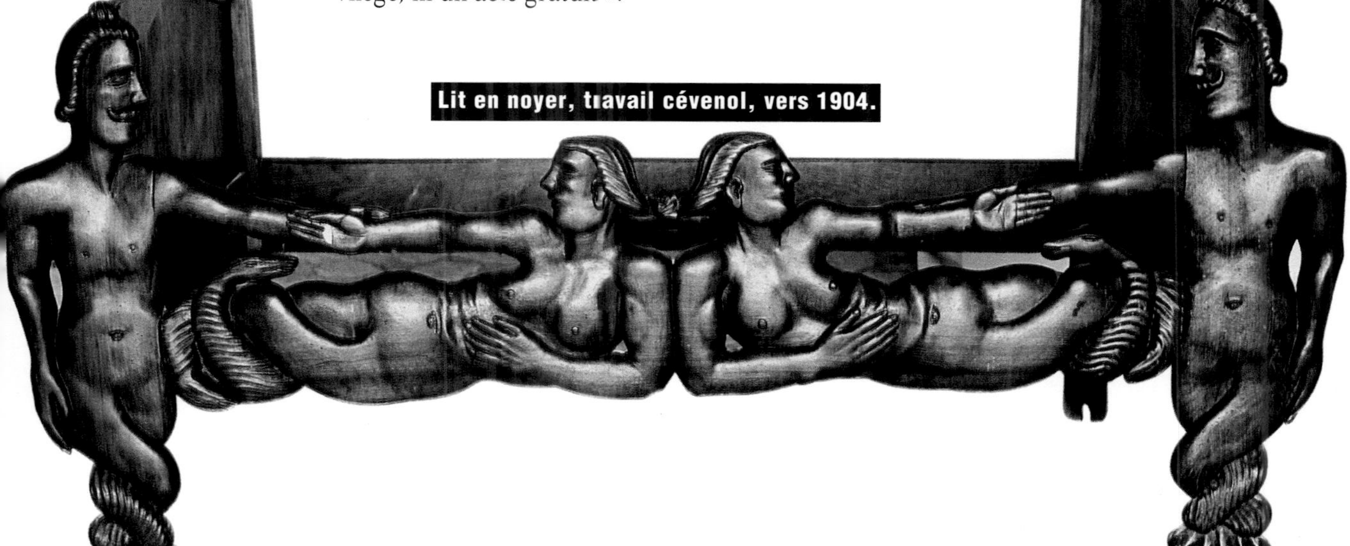

Lit en noyer, travail cévenol, vers 1904.

À LIRE : *De l'Imaginaire au Petit musée du Bizarre*, éditions de Candide, 1993.

Création franche

« Il nous faut réserver une arrière-boutique toute nôtre,

toute franche, en laquelle nous établissons notre vraie liberté

et principale retraite et solitude ».

Montaigne.

Gérard Sendrey a suivi les pas de Jean Dubuffet quand il a fondé le site de la Création franche, « un réservoir foisonnant de forces créatrices. » Pas seulement un musée de l'Art brut mais aussi un carrefour de créateurs inconnus, hors-normes. Un laboratoire de création sans entraves, ni obligations.

À l'origine, un cri en forme de manifeste : mettre au monde « l'art inventif des génies ordinaires. » Une façon de renouer avec la culture populaire vivante. Rencontrer des artistes qui œuvrent dans la solitude. C'est en 1980 que Gérard Sendrey se lance dans l'aventure avec la galerie Imago. Certains de ses propres dessins seront intégrés dans la Collection Neuve Invention de Lausanne. Une illumination, un tournant dans sa vie. En 1989, le nouveau maire de Bègles, Noël Mamère, dynamise l'aventure artistique de Gérard Sendrey. Le site de la Création franche deviendra un haut lieu des artistes insoumis.

Une exigence : exposer des artistes authentiques. Les révélations sont fulgurantes. Il y a d'abord Jean-Joseph Sanfourche, le pèlerin des couleurs, le peintre des silhouettes aux multiples visages, yeux écarquillés qui marchent sur les routes de Compostelle. Un inventeur de signes totémiques. Il y a aussi Alain Lacoste qui exerce une vision ironique, multicolore de l'humanité en peignant des femmes à deux têtes séduisant des insectes humanoïdes, un Lacoste qui dit : « Pour qu'une image pense ce qu'elle a dans le corps, il faut lui renverser la tête. »

Huile de Jean-Joseph Sanfourche.

CRÉATION FRANCHE
FONDS DE CRÉATION ARTISTIQUE BRUTE ET INVENTIVE.
58, AVENUE DU MARÉCHAL-DE-LATTRE-DE-TASSIGNY
33130 BÈGLES (10 KM DU CENTRE DE BORDEAUX).
TÉL : 56 49 34 72.
OUVERT DE 15 H À 19 H SAUF LE DIMANCHE.

L'énigmatique François Monchâtre qui dessine inlassablement des hommes prisonniers d'un univers de pointillés, de hachures, de machineries complexes articulées par des manivelles. Des hommes condamnés à des lectures infinies. L'homme enfermé, carcéral. Et puis, bien sûr, Alain Pauzié qui a inventé un alphabet, peignant des enveloppes en forme de semelles, ramassant des pas imaginaires, postant de flamboyantes lettres à des amis ou inconnus.

Le site de Création Franche est devenu l'étincelle des rebelles de l'art.

Oeuvre de Baptistantunès.

Sculpture d'Alain Lacoste.

LES JARDINIERS DE LA MÉMOIRE,
exposition annuelle sur le site de la Création franche, qui fait le tour des dernières œuvres des Singuliers de l'art.

Les Hauts Lieux du Presque-Vrai

Dans une série d'articles parus au début des années 70, l'écrivain Umberto Eco a décrit le monde du presque-vrai et du faux absolu qu'il a découvert sur la côte Ouest des États-Unis. À tous ces sites et musées qui reconstituent la réalité de manière quasi maniaque à l'échelle 1/1, il a donné un nom : les forteresses de la Solitude, expliquant que derrière ces entreprises un peu folles se cachait « une philosophie de l'immortalité avec duplicata ». Il cite ainsi le cas de l'ancien président Johnson qui avait édifié de son vivant un mausolée personnel reproduisant son bureau de la Maison Blanche avec les mêmes matériaux, les mêmes couleurs...

Le Presque-Vrai

« Glaciers, mammouths, déserts.

Rocs nocturnes,

noirs, un peu comme des maison ;

dans le roc s'ouvrent des cavernes. »

Zamiatine, *La Caverne*.

Avec beaucoup d'humour Irial Vets, 80 ans, prétend être la réincarnation de Michel-Ange. Il a reconstitué, à l'intérieur de la petite église normande de Saint-Vincent-la-Rivière, le plafond et les fresques murales de la chapelle Sixtine (construite en 1473 dans le palais du Vatican). L'histoire de cet ancien restaurateur, peintre autodidacte, est simple. Il voit un jour dans le journal : église à vendre. Il la visite. Le toit est abîmé et les voûtes délabrées. Il l'achète et immédiatement décide de refaire la chapelle Sixtine. Une inspiration divine. Il mettra trois hivers pour la peindre.

Irial Vets s'inspirera d'un reportage photographique de *Paris-Match* sur la véritable chapelle Sixtine, se déplaçant même à Rome pour faire des croquis du Jugement dernier. Peu à peu cet homme qui tenait un restaurant à Trouville va se transformer en artisan du vrai faux artistique, reproduisant à l'huile, entre deux clients, les scènes bibliques immortalisées par Michel-Ange. Le résultat est une copie à la manière des « Chefs-d'œuvre de l'art » de la fresque originale, mélange de naïveté dans le traitement des couleurs et d'habileté dans la reproduction des scènes. Pour qui connaît la véritable chapelle Sixtine, c'est une impression d'irréalité absolue qui domine à se promener dans cette église perdue au milieu de la campagne normande avec un plafond chargé de L'Ivresse de Noé, du Déluge et de la Création d'Adam et Ève.

Au centre de la nef, le gisant de l'artiste est orné de six caissons décrivant les étapes de sa vie de dandy et décoré d'une couronne mortuaire barrée de ces mots pleins d'humour noir : « À moi-même ». Il confessera : « J'avais une chapelle de pape, je me suis fait un tombeau de roi. » Dans le jardin, Irial Vets a réalisé une statue en ciment représentant son double assis les bras croisés, en pleine méditation face à la chapelle. Au-dessus de la statue, une incription : « Saint Irial, courez pour nous » et, au sommet d'un monumental escalier en pierre qui mène à la chapelle, un drapeau aux couleurs blanc et or du Vatican. « Quand il flotte, c'est la soupape qui est là. »

La chapelle Sixtine d'Irial Vets.

On retrouve ce besoin de s'approprier le patrimoine artistique chez Paul Marchais qui a créé la grotte de Lascaux III.

Cet ancien conducteur de travaux célèbre en effet un culte dans la cave de son pavillon : l'art pariétal. Captivé par les énigmes historiques, ce solitaire a commencé par creuser dans son jardin à ciel ouvert une grande cavité qu'il a ensuite couverte d'une voûte. Puis, excavant les entrailles de la terre, il a exécuté toute une série de galeries souterraines conduisant à une étrange rotonde, copie presque conforme de celle de Lascaux. Cette entreprise de taupe a demandé 5 000 heures de travail souterrain à M. Marchais, celui-ci devenant au fil des années un spéléo-archéologue.

C'est Paul Marchais lui-même qui fait la visite de son univers auquel on accède par une échelle qui plonge dans les profondeurs de sa maison. En chemin, il raconte qu'il faisait, au début de son aventure, des dessins préhistoriques, les exposant sur les murs de sa salle de séjour ; et puis un jour, « las d'imaginer la grotte », il a décidé de la construire. « J'aime les énigmes, et notamment celles de l'art pariétal », explique-t-il comme pour se justifier d'une œuvre trop étrange.

Quand on pénètre dans la salle des Taureaux, haut lieu de la Préhistoire, un étrange sentiment de malaise nous étreint, on hésite entre le rire nerveux et un réel sentiment d'angoisse. La grotte humide, aux murs suintants, mesure huit mètres de diamètre, moitié moins que l'originale. L'information archéologique se pare chez M. Marchais des habits de la réincarnation. Sa grotte se veut le double de celle de Lascaux. Il a ainsi reproduit fidèlement les peintures rupestres à partir de diapositives prises dans le site de Lascaux II, utilisant pour l'ornementation des parois un mélange de graisse d'animal, de bioxyde de manganèse (brun foncé) et d'argile. Les frontières entre le vrai et le faux se brouillent. On retrouve le cheval, la vache à collerette, les bovidés rouges, la licorne et la grand taureau noir. Pur voyage dans l'hyperréalité.

Paul Marchais donne l'impression de partager avec les hommes du Solutréen la croyance mythique du pouvoir créateur de la Terre. Que masque cette entreprise solitaire et bizarre ? La fuite d'une époque sans épaisseur, la recherche de l'éternité dans l'illusion de sa création singulière ou l'attirance pour les mondes souterrains à cultes secrets ? La grotte de Lascaux III reste le témoignage en trois dimensions d'une passion monomaniaque pour la Préhistoire.

Lascaux III, de Paul Marchais.

Dans ce paysage du faux, Cardo Land innove par ses installations « andropsycholométriques » et « graphicovolumiques ». Leur auteur, Cardo, est un Espagnol d'une soixantaine d'années qui a fondé un parc préhistorique imaginaire à 10 km de Vézelay, peuplant dix hectares de bois et de champs verdoyants de sculptures en béton peint représentant des hommes préhistoriques et des dinosaures tels que le somptueux scolosaure, des salamandres géantes et le stégosaure, monstre des monstres qui pèse 8,5 tonnes et mesure 11 m de long sur 6 m de large.

« J'étais danseur à l'opéra, raconte Cardo, et pour m'évader, je rêvais déjà à mon projet de parc imaginaire. J'ai débarqué dans le Morvan au début des années soixante-dix. J'ai convaincu les gens du coin de me céder pour quatre-vingt-dix-neuf ans dix hectares de terre, et j'ai commencé à bâtir mon empire. » Ici, pas de prétentions scientifiques ou artistiques, rien qu'un désir de réaliser un vieux rêve d'enfance : créer de ses propres mains un pays imaginaire et y vivre comme Alice au pays des Merveilles.

Cardo fait la Préhistoire des gens simples. Il utilise pour ça son métier de sculpteur et toute sa fantaisie. Son père anarchiste lui a appris à peindre, sa mère était danseuse de flamenco. Ils voyageaient beaucoup. Ses seuls jouets étaient des livres comme *La Guerre du feu* dans lequel il a découvert ses premiers monstres, des monstres, par ailleurs bien inoffensifs, qui sont tous faits sur le même modèle. Une armature métallique recouverte de tissu et d'une couche de béton. Comme il lui fallait un matériau qui résiste au froid et à la pluie il a fabriqué alors un béton spécial avec de la fibre de roche et du mica expansé.

Ce qui prévaut à Cardo Land, c'est la « cardographie suggestive », selon les propres termes de l'artiste. Pour le visiteur cultivé, il y a une habile reconstitution de scènes préhistoriques ; pour le profane, le sensationnel où le vrai se mêle à la fantaisie.

LA CHAPELLE SIXTINE
ÉGLISE SAINT-VINCENT-LA-RIVIÈRE,
ENTRE BROGLIE (27270) ET COURTEILLES (27130).

LA GROTTE DE LASCAUX III
72500 JUPILLES.
TÉL : 43 44 35 62.

CARDO LAND
89660 CHAMOUX-VÉZELAY.

LA TAVERNE DES KORRIGANS
2, AVENUE DU DOCTEUR-NICOLAS
29110 CONCARNEAU.

« La Danse du Feu » par Cardo à Carlo Land.

La Taverne des Korrigans

A 18 h, Guite ouvre sa Taverne des Korrigans au vent du large. C'est à chaque fois un intense instant de bonheur pour cette petite femme de soixante-dix ans, quand elle pénètre dans son bar. Elle sait que jusqu'à 2 h du matin elle va entendre les plus brûlantes confessions des marins du port de Concarneau. « Je suis la mère des marins, raconte Guite accoudée au bar de la Taverne, une bière irlandaise à la main. Ils viennent me raconter leurs aventures d'Afrique ou d'Alaska. Ce sont mes petits pirates. Et puis ils aiment le décor. Ça leur rappelle leur enfance. »

Et quel décor ! Les murs sont recouverts de fresques fantastiques. Des elfes et des nains moqueurs, surgis tout droit des vieilles histoires de grands-mères bretonnes, dansent sous la pleine lune autour de menhirs dans les landes secrètes. Les tables et les bancs sont sculptés de farfadets rieurs qui portent des lampes-tempête pour guider les clients vers l'Enfer. Au-dessus du bar, un esprit des bois vous regarde narquois. Des murs surgissent, ici et là, des mains de squelettes, des têtes de morts. Un décor à faire fuir les âmes sensibles. « Tant pis, ici on est entre durs, et les durs, je les aime », murmure Guite de sa voix rauque, accueillant les premiers loups de mer aux épaules nues tatouées d'aigles et de cormorans bleus.

La nuit commence, la harpe celtique inonde les visages impassibles des korrigans.

LES GALERIES D'ART NATUREL

Biz'Art ou le petit musée de l'Insolite

«Un cabinet pavé d'une mosaïque

où les débris d'œufs se mêlent à des clous d'or... »

André Pieyre de Mandiargues, *L'Homme du parc Monceau.*

C'est une petite maison en brique, adossée à une falaise rocheuse à deux pas de la célèbre grotte de Pech-Merle. Juste une pancarte enfouie dans les herbes folles : « Biz'art, musée d'Art naturel ». À l'intérieur de ce cabinet naïf, une accumulation d'objets de bois et de pierre réalisée par Bertrand Chenu. Ce tanneur collectionne depuis son enfance des objets sculptés par le vent, la pluie, le soleil : cannes en lierre, Vierge à l'Enfant taillée dans une ruche, lémurien dans une racine de ronce, harpe sculptée dans un roseau... Dès qu'il a un moment, il file dans la campagne chercher des formes humaines ou animales tapies dans la pierre et le bois, traque les souches hérissées en forme de renard ou d'écureuil au fond des taillis ou même sous l'eau des rivières. « Je suis émerveillé par les nœuds des bois, explique-t-il en caressant un visage de barbare sculpté dans une racine d'aulne. Mon plaisir est de trouver des visages, des corps nichés dans les branches d'arbres. »

Bertrand Chenu.

Mousse, brindilles, roches, morceaux de bois... les raisons d'une passion aussi dévorante pour des objets que personne ne remarque restent mystérieuses. Cependant Bertrand Chenu confesse comme à regret : « Il y a des créatures fabuleuses qui dorment dans le creux des troncs. Je les délivre. Je leur ai fait une maison, c'est tout. » Dans un aménagement rêvé les têtes en racines, les compositions arboricoles, les objets de récupération forment un collège de correspondances secrètes. On y rencontre un « Motard barbare », une fourche dans la main droite, une hache dans la main gauche ; un skieur aux lunettes faites avec des passoires ; la tête en bois de John Lennon...

Biz'art
Liauzu
46330 Cabrerets.

Le Zoo de bois

Un matin, Émile Chaudron, parti à la recherche de bois de chauffage, fait une découverte qui va bouleverser sa vie : en coupant une branche de mirabellier, il remarque que celle-ci ressemble étrangement à une tête de chien. C'est le début d'une longue aventure dans laquelle va plonger cet ancien sculpteur sur bois, allant jusqu'à créer dans sa propre maison un zoo de bois où il présente aujourd'hui, sous forme de fables et de scènes de la vie quotidienne, sa collection de plus de trois cents personnages et animaux nés de branches d'arbres.

Émile Chaudron est modeste : il se veut un simple intermédiaire entre la nature et les amateurs de bouts de bois artistiques. « Ce sont des œuvres réelles et pures de la nature, explique-t-il. Il n'y a pas de mise en forme ni de collage. » On pourrait souligner que, s'il n'intervient pas directement dans la forme de la branche, il lui donne néanmoins une seconde vie, faisant preuve d'une invention délicate et poétique, car c'est lui et lui seul qui distingue au premier coup d'œil, dans les entrelacs de branches et de brindilles, les sculptures en puissance : sanglier, cheval, cerf, girafe... Dès que la feuille tombe il va se promener dans les bois et fouine dans les branchages. Il préfère les bosquets à épines et les arbres fruitiers, qui donnent les sujets les plus beaux. Il coupe les branches sur pied avec une scie. Une fois rentré chez lui, il taille les pousses superflues, souligne ici un œil, là une gueule, et le tour est joué.

Deux styles dominent ; l'un aérien, aux formes élégantes et aux courbes harmonieuses ; l'autre fait d'entrelacs tourmentés. Le premier correspond aux « Branchettes Circus », scènes de cirque avec funambule et équilibriste, et à tous ces animaux – girafes, chevaux, corbeaux et renards – qui cohabitent dans une arche de Noé pleine de grâce. Le second style évoque les vies de l'homme, avec les « Coquettes maniéreuses », les « Gentlemen touche-à-tout » et les « Irrévérencieux violents ». Une galerie de branches torturées s'achève par « l'Agonie », tragique représentation végétale de la mort d'un animal au cœur de la forêt.

Le Zoo de bois
52700 Prez-sous-Lafauche.

Les Pierres qui parlent

Michel Tournier écrit : « J'ai imaginé une nouvelle espèce de sculpteur. Sans ciseau ni bloc de marbre ou de glaise. Il marche lentement dans des déserts de cailloux. Il foule des milliards de milliards de cailloux. Parfois il s'arrête, se baisse et en ramasse un. Personne d'autre que lui ne pouvait choisir ce caillou-là. Le soir il rentre chez lui avec sa récolte. Il la dispose dans des vitrines, sur des étagères... ».

« Prométhée ».

Le rêve de l'écrivain s'est incarné en Marie-Antoinette Bassieux qui, pendant trente ans, s'est passionnée pour les formes des pierres de la Drôme. Elle a ainsi couru les montagnes et les lits des fleuves, à la recherche de cailloux aux formes humaines ou animales, sculptés, travaillés par la neige et les flots. Tout naturellement elle a ouvert un musée pour montrer au monde sa récolte de pierres imagées, ces pierres déjà recherchées comme talismans par les Persans au XVIIe siècle. Musée ? On devrait plutôt parler de sanctuaire dédié à la rocaille, à tous ces cailloux que l'on foule sans jamais les voir, sans jamais les saisir. En tout 450 pierres de rêve, groupées par thème et posées religieusement sur des étagères de bois : ici les travaux des villages et les créatures grotesques, là des têtes d'hommes célèbres, Calvin, Vercingétorix, et des trognes de pirates ; plus loin, un placard aux merveilles avec son caméléon, ses chiens, ses chouettes, son crapaud...

« Ma première pierre est une petite tête de femme voilée, raconte Marie-Antoinette. Elle dormait oubliée de tous dans le creux d'une rivière. Avec mon pinceau, je lui ai juste ajouté un œil. Depuis j'utilise toujours la même technique pour faire ressortir le relief naturel de chaque pierre. » À quatre-vingt-cinq ans, Marie-Antoinette Bassieux a confié sa collection de pierres au musée de la Nature de Crest.

Les cahiers de l'Insolite

La France des Folies

« Je rêvais croisades, voyages de découvertes dont on n'a pas de relations, républiques sans histoires, guerres de Religion étouffées, révolution de mœurs, déplacements de races et de continents : je croyais à tous les enchantements. »

Rimbaud, *Une Saison en enfer.*

Doit-on remonter au comte Robert d'Artois, compagnon de Louis IX, pour trouver l'origine des folies ? Revenu des croisades, cet aristocrate du Nord réalisa à Hesdin un jardin merveilleux, inspiré de l'Orient, comprenant des jeux d'eau, des miroirs déformants et des automates qui barbouillaient de farine les visiteurs. Ces débauches aquatiques et fantaisistes, ces folies, jardins capricieux peuplés de fabriques et autres nymphées, seront jetées dans le paysage français à la veille de la Révolution française par de riches aristocrates raffinés, inspirés par le goût anglo-chinois de l'époque.

C'était au XVIIIe siècle, au temps des rois et des courtisans qui parfois s'ennuyaient à la Cour. Certains complotèrent contre la monarchie absolue, d'autres se lancèrent dans des projets architecturaux excentriques. Ce fut le cas de M. de Monville qui créa le Désert de Retz, parc anglo-chinois de quarante hectares, peuplé d'une dizaine de fabriques. Tout au long d'une promenade philosophique qui retrace certaines étapes de l'histoire universelle, les amateurs de symboles et tout simplement d'architecture découvrent de drôles de monuments : le temple de Pan, qui rappelle l'empire romain et les stoïciens ; la glacière en forme de pyramide ; une église gothique du XIIe siècle, vraie ruine parmi les fausses ruines du Désert ; et la Colonne Détruite, une des rares réalisations de l'architecture visionnaire du XVIIIe siècle, inspirée des recherches de Ledoux, Boullée et Piranèse. À l'intérieur, le seigneur de Monville avait fait aménager ses appartements desservis par un escalier hélicoïdal. L'idée de nature palpite dans la conception même de la colonne ; la dimension des fenêtres, la proportion des pièces sont telles que chaque baie est le cadre d'un tableau de paysage.

Cette folie est un paradis terrestre, cosmopolite. L'ordre naturel y est évoqué par les ruisseaux, l'étang, les rochers et la grotte qui sert d'entrée au jardin, passage initiatique qui donne accès à ce monde romantique. Olivier Choppin de Janvry a renoué avec l'utopie en rénovant le Désert de Retz depuis 1985. Parmi les ronces et les broussailles, au bord d'un fleuve profond et médiéval, gisent les pierres moussues d'une ancienne forteresse bâtie par un génie malicieux. Le fleuve, c'est la Loire. Le génie malicieux, un receveur ordinaire des douanes et architecte d'un site extravagant : les Folies Siffait. L'étrangeté des structures ruiniformes, qui dévalent en une suite de terrasses superposées vers la Loire, rend difficile leur classement dans un genre architectural précis : château d'illusion, décor en trompe-l'œil, jardin de décoration ? Avant tout un espace hanté depuis le XIXe siècle par de longues silhouettes romantiques attirées par les fausses murailles immergées dans les feuillages.

C'est au début du XIXe siècle que Maximilien Siffait entreprend de construire sur les ruines d'un château fort un ensemble de constructions bizarres sans fonction particulière. Les murs sont ornés de fenêtres murées et de portes qui ne mènent nulle part. D'antiques escaliers encadrés de lourdes rampes colorées débouchent sur des précipices ombreux. Un kiosque turc disparaît lentement dans la végétation luxuriante et, parmi les cèdres et les cyprès, quelques murailles ornées de tourelles et de niches subsistent, défiant les ravages du temps et l'oubli des hommes.

Parc oriental de Maulévrier : le pont japonais.

En parcourant ce labyrinthe de pierre et d'herbes folles, qualifié en 1845 d'« imbroglio sans goût », on s'interroge. Quel était le projet de Maximilien Siffait (et plus tard de son fils qui terminera les travaux) ? En bon socialiste utopique, voulait-il donner du travail aux chômeurs de l'époque (1820-1830) ? Ou bien avait-il décidé de rendre un culte au colossal comme les architectes antiques et d'exalter la nature sauvage, cherchant avec désespoir à recréer un paradis perdu inaccessible par essence ? « Monument improbable », ce château d'illusion est le reflet des aspirations romantiques des élites occidentales, l'âme devant entrer en exil intérieur et l'esprit produire des asiles fortifiés, résumés de l'univers et des connaissances acquises, pour fuir l'ère naissante des machines pleines de bruit et de fureur.

La construction de la ligne de chemin de fer Nantes-Tours, en 1845, désorganisera le jardin, contribuant ainsi à sa ruine. À cette époque, Oswald Siffait est maire du Cellier. Il s'oppose à ce projet qui, selon lui, détruira le chemin de halage, et, en bon rousseauiste, s'écrie : « Le chemin n'est pas seulement un chemin de halage, c'est la grande route du pauvre, c'est la grande route des piétons [...]. Vous venez enlever au pauvre la seule route qui amollissait son sentier sous ses pas, qui, par le voisinage de l'eau, répandait quelque fraîcheur sur son front brûlé par le soleil. »

Parmi tous ces refuges de l'âme, rares sont les jardins philosophiques. Plus rares encore sont ceux qui sont peuplés des fleurs délicates de la pensée bouddhiste. Ainsi, dans la grande vague orientaliste de la fin du XIXe siècle, Alexandre Marcel, architecte et grand voyageur, chargé par le propriétaire du château de Maulévrier d'en restaurer le parc, en profita pour y planter un parc oriental où chaque monument, bosquet, arbre et étang épouse la sagesse bouddhiste. Par ses dimensions, le tracé de ses allées, ses couleurs, son symbolisme qui lie l'orientation des végétaux aux cycles saisonniers, le Parc Oriental de Maulévrier s'apparente aux jardins de transformation japonais des Xe, XIe et XVIIe siècles, où l'élément principal était l'eau (3/10 de la surface) qui coulait d'est en ouest en suivant la courbe du soleil.

LE DÉSERT DE RETZ
ALLÉE FRÉDÉRIC-PASSY
78240 CHAMBOURCY
(15 KM À L'OUEST DE PARIS).
TÉL : 39 76 90 37.

LES FOLIES SIFFAIT
44850 LE CELLIER
(20 KM À L'EST DE NANTES).

LE PARC ORIENTAL DE MAULÉVRIER
CHEMIN DU GRAND-PONT
49360 MAULÉVRIER
(23 KM AU SUD-EST DE CHOLET).
TÉL : 41 55 50 14.

Passé la pagode et son petit jardin d'agrément, on suit un chemin bordé d'arbres exotiques qui mène au temple khmer. Reproduction d'un des temples d'Angkor Vat, il faisait partie du pavillon du Cambodge de l'Exposition universelle de 1900 et fut remonté sur place à Maulévrier. Orné de deux statues, génies du monde souterrain qui protègent le temple des mauvais esprits, il abrite le Bouddha assis dans la position du lotus sur les anneaux du Naja, serpent mythique. C'est aujourd'hui un lieu de culte pour de nombreux réfugiés asiatiques, qui y déposent des effigies et des offrandes. Un grand escalier, gardé par deux lions de pierre, relie au temple un étang orné de sept lanternes japonaises, manifestation de l'« indestructible ». À proximité, les îles Grue et Tortue qui, par leur forme et leur taille, rappellent celles du temple de Konchi-in à Tokyo, symbolisent le paradis. On y parvient par un pont rouge (couleur sacrée) réservé aux divinités et à l'empereur. Plus loin, en suivant le chemin qui longe l'étang, la colline de Méditation. Proche d'une cascade, elle permet aux rêveurs de se laisser bercer par le doux murmure de l'eau sans la voir et d'atteindre ainsi des états altérés de conscience.

En face, de l'autre côté de l'étang, comme un autel votif, la butte aux Azalées, entourée de mousse et de fougères, et la corne d'Or, étrange proue en bois qui s'épanouit au-dessus de l'étang, évoquant l'extrémité de la toiture d'un temple thaïlandais. Abandonné pendant près d'un demi-siècle, le rêve oriental d'Alexandre Marcel resurgit à nouveau, un rêve orné de floraisons d'arbres et d'aventures spirituelles.

Le Désert de Retz : la Colonne détruite.

Les châteaux noirs de l'Alchimie

« À flanc d'abîme, construit en pierre philosophale, s'ouvre le château étoilé. »

André Breton, *L'Amour fou.*

Le château du Plessis-Bourré.

Remontant à Hermes, un roi pré-pharaonique d'Alexandrie, l'alchimie s'est répandue en Occident au Moyen Âge à la faveur des conquêtes arabes, favorisant une éclosion des philosophes de la nature et d'artistes qui ont sculpté dans la pierre des châteaux, sur les frontons des églises, les secrets de cette science arrachée aux dieux. Ainsi Fulcanelli, le mystérieux frère d'Héliopolis, a décrypté au début du siècle certains messages alchimiques inscrits sur les murs des demeures philosophales. Il s'inspirera des textes de Basile Valentin et du Mutus Liber.

Le château du Plessis-Bourré

En ce temps-là, la chevalerie se mourait. Le roi René écrivait entre deux fêtes des romans d'amour qu'il enluminait lui-même, décorant sa chambre d'oublies d'or, et Gilles de Rais, maréchal et dernier compagnon de Jeanne d'Arc, était brûlé pour crime de sorcellerie. En ce temps-là, un peu à la manière de Jacques Cœur, Jean Bourré (1424-1506) inventait l'homme de la Renaissance, raffiné et discret, amateur de livres et de belle peinture. Grand argentier de France auprès du roi Louis XI, il fut aussi un bâtisseur de châteaux en Anjou, dont l'étonnant Plessis-Bourré, plein de grâce, planté au milieu de la forêt. À la fois bâtiment de défense, entouré de douves profondes, et résidence confortable aux multiples pièces richement décorées, l'édifice abrite une énigme en majesté, un vrai mystère artistique, celui des fresques qui ornent le plafond de la salle des Gardes Un plafond composé de six grands caissons de 4 m x 3 m, encadrés de moulures larges et saillantes, représentant un damier de vingt-quatre panneaux peints et écrits, qui rappelle le goût des seigneurs médiévaux pour le symbolisme des images. Peints à la détrempe, les tableaux en grisaille sont exécutés sur fond bleu et vert. Le trait est fin, le graphisme élégant, les harmonies soutenues. Si l'artiste reste inconnu, les compositions foisonnantes d'animaux fabuleux et de satires cruelles rappellent les visions fantasmagoriques de Jérôme Bosch. Un ensemble qui constitue un étrange répertoire de drôleries et d'allégories inspirées de l'imaginaire populaire et des manuscrits à peinture des XIVe et XVe siècles.

Les huit premiers tableaux sont à personnages, évoquant l'univers grinçant des légendes médiévales et autres satires en vers, crues, souvent sarcastiques, toujours « d'esprit malin et hardi ». On trouve ainsi l'histoire du colporteur de ragots qui, à force de commérages et de flatteries, est dévoré un jour par des rats ; le « Dit de la Chicheface » raconte les malheurs d'une louve « maigre de corps et de face » qui, ne se nourrissant que de femmes fidèles, dut attendre deux cents ans pour se repaître ; tragique destin enfin que celui de la pie Mahault dont une jeune femme « coud le cul, pour ce qu'elle a parlé trop haut ». Contes moraux qui illustrent peut-être aussi la suspicion permanente qui régnait à la cour du temps de Louis XI et de son âme damnée, Olivier Le Daim.

Mais le chef-d'œuvre, empreint d'étrangeté et de beauté sombre, réside dans les seize tableaux suivants, entourés d'un entrelacs de feuilles et de tiges végétales. Un ciel allégorique composé d'une cour d'animaux comme des singes, des béliers, un dragon, un âne chanteur, une licorne, une laie musicienne, un cerf inquiet. Un bestiaire fantastique grouillant d'êtres hybrides, agrémenté de scènes érotiques. Un ciel alchimique, expliquent les derniers philosophes de la nature comme Eugène Canseliet qui interprète chaque sujet peint comme autant d'étapes qui rythment le parcours du Grand Œuvre.

Simple décor allégorique, jeu esthétique ou message caché d'inspiration hermétique destiné aux générations futures ? Avant tout un fragment de la mémoire en couleur de la Renaissance, une époque où l'art s'enchâssait à la quête spirituelle, une époque de chercheurs d'absolu, penchés sur leurs cornues et leurs creusets à la recherche de l'élixir de longue vie et de la transmutation des métaux vils en or. Jean Bourré a-t-il fait partie de cette confrérie d'adeptes ayant trouvé le secret de la mystérieuse pierre philosophale, celle dont Raymond Lulle disait : « D'une once de cette poudre de projection, blanche ou rouge, tu feras des soleils en nombre infini et tu transmueras en Lune toute espèce de métal... » ? Un indice peut-être, fragile et comme toujours chargé d'ambiguïté, un petit mot énigmatique que Louis XI envoya un jour à son argentier Jean Bourré : « Allez-vous-en demain à Paris, et vous et Mons. le Président trouvez de l'argent en la Boete à l'enchanteur... »

LE CHÂTEAU DE DAMPIERRE-SUR-BOUTONNE

Autre temps, même mystère alchimiste au château de Dampierre-sur-Boutonne. La tradition orale rapporte qu'un alchimiste aurait vécu dans ce château charentais entre 1545 et 1550. Cet adepte de l'art royal aurait ainsi inspiré la décoration symbolique ornant le plafond de la galerie du premier étage du château. Un étrange grimoire de pierre, composé de quatre-vingt-treize caissons illustrant des symboles hermétiques, figures géométriques et scènes allégoriques, accompagnés de phylactères inscrits de devises latines. Chaque groupe de neuf caissons est séparé par une série de trois caissons sculptés du monogramme d'Henri II et de sa femme Catherine de Médicis. Le monogramme d'Henri II contient celui de sa favorite Diane de Poitiers (ce double D se retrouve dans de nombreux châteaux).

Ce langage emblématique était destiné à transmettre des secrets aux futurs chercheurs de la pierre philosophale. On y reconnaît des emprunts à l'Ancien et au Nouveau Testaments et à la mythologie grecque ou romaine, et des références à d'anciens traités de philosophes de la nature, l'ensemble illustrant les différentes phases des opérations alchimiques en laboratoire et le cheminement spirituel de l'adepte lui-même en vue de trouver la connaissance. Toutes ces figures au sens énigmatique furent interprétées par Fulcanelli, célèbre alchimiste du XXe siècle, dans son livre *Les Demeures philosophales*.

Quatre symboles peuvent résumer la philosophie des hermétistes que l'on retrouve dans les caissons de Dampierre : le labyrinthe (Fata. Viam. Invenient) qui exprime les difficultés de l'alchimiste pour trouver la voie du grand œuvre ; le serpent ouroboros – qui se mord la queue –, symbole du cercle gnostique qui évoque l'harmonie cosmique ; le caducée d'Hermès, dieu de l'alchimie, qui symbolise la réussite de la transmutation des métaux ; et l'œuf philosophal, celui qui donne la connaissance et, pour ceux qui ont la grâce, la fortune et la vie éternelle.

« L'Athanor » dans le château du Plessis-Bourré.

LE CHÂTEAU DU PLESSIS-BOURRÉ
49460 ÉCUILLÉ
(25 KM AU NORD D'ANGERS).
TÉL : 41 32 06 01.

LE CHÂTEAU DE DAMPIERRE-SUR-BOUTONNE (17470)
(30 KM AU SUD DE NIORT).
TÉL : 46 24 02 24.

UN PHILOSOPHE DE LA NATURE

Comme tous les chercheurs en alchimie, celui que j'ai rencontré veut rester anonyme. Nous l'appellerons Pierre. Il vit modestement quelque part au sud de Toulouse, dans une petite maison. Il a tenté la Providence en allant à pied à Saint-Jacques-de-Compostelle en 1973, suivant la route des granges et des châteaux templiers, sur la base des travaux de Louis Charpentier. Un voyage initiatique très éprouvant. Quelques révélations...

POUVEZ-VOUS DÉFINIR L'ALCHIMIE ?

L'alchimie est une science traditionnelle qui repose en partie sur un corpus auquel participèrent des alchimistes de toutes les époques, y compris contemporaine. L'alchimiste doit donc trouver le sens en décryptant textes et images. Ce travail de reconstruction représente la part la plus importante de l'initiation. Ici apparaît la première différence avec la science cartésienne dont le savoir se donne dans une intelligibilité optimale. Pour les philosophes non dualistes qu'étaient les alchimistes, Dieu étant le commencement et la fin de toute chose, il fallait bien que le but de leurs travaux portât la marque de la perfection divine. C'est la pierre philosophale.

QUAND AVEZ-VOUS ENTREPRIS VOS PREMIERS TRAVAUX ALCHIMIQUES ?

J'ai commencé à lire les premiers ouvrages d'alchimie vers 1967. Mes premiers essais expérimentaux datent de 1975. Il existe certainement une relation entre mes activités professionnelles et l'alchimie puisque j'étais forgeron d'art et que je m'intéressais à la métallurgie.

COMMENT DEVIENT-ON ALCHIMISTE EN CETTE FIN DE XXe SIÈCLE ?

À mon avis, pour être alchimiste, il faut être joueur et passionnément aimer la vie, jusqu'à la rêver incorruptible et immortelle, pour enfin se persuader que l'on peut concrètement et individuellement opérer cette perfection. En résumé, rester un enfant.

COMMENT SE SONT DÉROULÉES VOS PREMIÈRES EXPÉRIENCES ALCHIMIQUES ?

J'avais pour travailler des lieux organisés à cet effet mais loin de l'imagerie ordinairement véhiculée. D'un côté paillasse et ustensiles communs au chimiste, de l'autre un four de fusion à feu ouvert et les indispensables creusets, lingotières et outils qu'utilise le fondeur. Je ne travaillais pas à l'aveuglette mais toujours avec un protocole que j'établissais au préalable. Lors des expériences, j'étais toujours dans l'attente d'une manifestation substantielle. Trouver la matière paradoxale. Le miracle ne s'est jamais produit.

À PARTIR DE QUELLE MATIÈRE PREMIÈRE AVEZ-VOUS COMMENCÉ VOS EXPÉRIENCES ?

Le nom de la matière première, ou Chaos des philosophes, est traditionnellement un secret absolu. Pour ma part, après toutes ces années, je dirais avoir travaillé avec des sulfures d'antimoine ou stibine. J'ai également utilisé de la pyrite.

POUVEZ-VOUS DÉCOMPOSER UNE OPÉRATION ?

Un exemple : si on considère que la pyrite est la matière première de base, on la purifie et on écrase le sulfure dans un creuset. La cuisson se fait à différentes températures entre 400° et 1 300°, dans un four hermétique. Les opérations se font de jour et de nuit, à raison d'une diurne et d'une nocturne, à des heures décalées, soit deux opérations par vingt-quatre heures pendant trois mois, soit 180 essais. Il est nécessaire de travailler au four en suivant les lunaisons, de préférence à la pleine lune, et d'avoir un ciel dégagé, au printemps. Enfin, l'état physico-psychique de l'opérateur doit être parfait : il faut être réceptif aux intuitions, à l'activité onirique, aux rencontres synchroniques. Si tout se passe bien, on doit obtenir un mercure, le dissolvant universel.

QUEL EST LE BUT ?

Trouver la pierre philosophale. Les Anciens la décrivent comme une substance saline et cristalline. Un agent qui permet la transmutation en or de certains métaux comme l'argent.

ÉNIGME DE L'ART : LA CAVERNE SCULPTÉE

« Il est des cavernes profondément cachées
dont les parois sont de cristal de roche.
Lorsque, abandonnant le ciel clair,
l'homme parvient à s'y introduire par quelque défilé ignoré,
lorsqu'il pénètre muni de sa lumière, le merveilleux le saisit. »

Pierre Mabille, *Le Miroir merveilleux*.

Selon une vieille légende nordique, les Immortels continuent leur longue vie dans les entrailles de la terre. Le silence ouaté des cavernes permet la communion mystique, la méditation. Les prophètes, les druides, les ermites s'y sont réfugiés, victimes de persécutions. Aujourd'hui les grottes, les parkings souterrains et les caves exercent une trouble attirance sur l'homme qui discerne dans leurs ténèbres d'inquiétants territoires.

La Caverne sculptée de Dénezé-sous-Doué illustre cette fascination de l'homme pour les mystères des entrailles de la terre. Peuplée de quatre cents statues taillées en ronde-bosse dans le tuffeau saumurois, elle inspire un sentiment de crainte, mêlé d'intérêt historique. C'est le ventre de la mère sculptée.

Comme Ishtar descendant aux enfers, c'est par un étroit et humide escalier en pierre que l'on accède au cœur de la mystérieuse caverne, une sorte de grande chambre souterraine dont les murs sont ornés de centaines de petites statues inspirées par un art roman tardif. La taille rudimentaire, brute, accentue l'aspect bestial de certaines statues. Leurs visages sont expressifs, tour à tour grimaçants et angéliques. Les yeux sont gonflés, comme

LA CAVERNE SCULPTÉE
DÉNEZÉ-SOUS-DOUÉ, 49700.
TÉL : 41 59 15 40.
OUVERT DE PÂQUES À LA TOUSSAINT.

malades, les bouches ouvertes dans un cri de souffrance. Des créatures grotesques, érotiques, voisinent avec des monstres griffus, des géants difformes et des gisants à sept têtes. Des centaines de petits hommes avec fraise et haut-de-chausse jouent sur les murs des scènes lubriques et hérétiques, comme cette Pietà montrant un Christ vivant allongé sur les cuisses nues d'une femme, ou bien ce mariage initiatique représentant un homme entre la Luxure et la Vertu, deux femmes souriantes dont les mains viennent se rejoindre sur son sexe (ce que l'une commence, l'autre l'interdit). Des Indiens aux pommettes saillantes dansent au son des joueurs de mandoline et de bouzine. Bal musette dans les profondeurs de la terre, bal étrange pour des bonshommes vieux de quatre siècles, éclairés aux bougies, comme sortis de ces panneaux peints que les montreurs d'histoires de la Renaissance vendaient aux quatre coins du pays.

Ce chef-d'œuvre d'art populaire constitue une importante découverte archéologique. Leur datation a fait l'objet de recherches de la part d'historiens locaux tels que J. et C. Fraysse, Héron de La Chesnaye et les subterratologues D. List et A. Brethon. Les conclusions de ces derniers établissent que ces sculptures datent de la seconde moitié du XVIe siècle, sous le règne troublé des Valois, dominé par la figure tutélaire de Catherine de Médicis. C'est un ensemble de détails vestimentaires et d'attitudes des personnages qui donnent des indications précises sur leur date d'exécution. Ainsi le décolleté des femmes, qui laissait leurs seins nus, porté par certaines statues de la caverne, apparut à la cour de Charles IX après 1561. Le haut-de-chausse plissé et serré rappelle la mode masculine du temps des Valois ainsi que le port de la fraise qui connut une grande vogue à la fin des guerres d'Italie. Autant de détails qui situent l'époque des panneaux sculptés mais qui laissent dans l'ombre la véritable identité des sculpteurs. Comme il n'existe ni archives ni tradition orale qui fassent référence à cette caverne, des hypothèses contradictoires sont élaborées. Certains affirment que des confré-

ries de tailleurs de pierre sont à l'origine de ces bas-reliefs. Interdits de réunion après les mesures royales de Villers-Cotterets qui abolirent en 1539 les confréries de métiers, traqués par les troupes catholiques, ces sculpteurs de la nuit, formant une communauté libertaire et cosmopolite, se seraient réfugiés dans cette caverne, taillant en secret dans le tuffeau une fresque satirique dénonçant les mœurs de l'époque. D'autres auteurs soutiennent, un sourire mystérieux aux lèvres, que ce sont des ex-voto que fabriquèrent des sorciers afin d'invoquer des puissances invisibles pour soigner des malades. Une sorte de culte archaïque du terroir des Gaules, honorant la vieille déesse-mère Danaan.

Un culte du terroir des Gaules

Cet entretien a été réalisé auprès de Régis Blanchet, directeur de la revue *Le Jardin des Dragons*, dans son prieuré normand, un après-midi mouillé.

Vous avez une autre interprétation historique que celle d'Annie Brethon pour expliquer l'origine des statues de la caverne...

En effet, cette caverne semble révéler la poursuite de vieux cultes du terroir des Gaules. Ceci n'aurait rien d'extraordinaire dans cette région car j'ai eu l'occasion d'accéder à un autre temple souterrain, à quelques kilomètres de là, dédié au dieu Mithra, temple profondément enfoncé sous terre. La caverne sculptée fut un lieu rituélique au haut Moyen Âge, le culte de Danaan, la déesse noire, transformée tardivement en Vierge noire.

C'est-à-dire ?

Des fouilles ont été faites dans ce puits lors de la découverte de ce site, et des tessons de poteries datant des VIIe, VIIIe et IXe siècles y ont été retrouvés. Cela indique que, de toute évidence, ce site était déjà occupé à cette époque. Or, même en ces siècles obscurs, la caverne souterraine n'est pas un habitat classique. Comme pour les hommes de Lascaux, il a dû falloir une motivation particulière pour y assurer la pérennité de la présence de l'homme.

Un culte de la fertilité ?

Peut-être, je dirai plutôt un culte à la vie et au renouvellement des énergies élémentaires mais aussi un culte à la mère qui enfante, et c'est là que nous retrouvons notre vieille amie, la déesse-mère Danaan.

Tout tourne d'après vous autour du puits?

L'eau du puits devait être curative. Une eau considérée miraculeuse au Moyen Âge. Le puits est le centre de la caverne et le groupe des sculptures qui l'encercle est, à ce titre, tout à fait cohérent.

Vous avez un scénario...

Oui. Autour du puits, nous avons tout d'abord un caillou, puis une plante et un animal pensif, et enfin un couple. Ce thème de l'humanité issue du monde minéral, végétal et animal était cher au monde celte et se retrouve dans l'art religieux médiéval. La fresque continue avec des épousailles consacrées par un prêtre. Le couple s'unit. La femme est enceinte et accouche. L'enfant est malade. Le reste est une procession d'infirmes entraînée par une mère portant son enfant malade pour le baigner dans les eaux du puits..

Paris excentrique

C'est dans un petit bar de Montparnasse que j'avais donné rendez-vous à Jean-Pierre Maury. La soixantaine, un visage de dieu grec avec grosse moustache frisottante et yeux rieurs. Un regard tendre qui contrastait avec la terrible légende qui courait sur lui, celle d'un homme attiré par les chairs mortes, d'un amateur d'art macabre, n'hésitant pas à fouiller les tombes.

« Femme-éléphant » dans la galerie Jacques Casanova.

« Tu viens voir la bête curieuse ? me lance-t-il derrière sa pression. Tu vas être déçu. Je ne suis qu'un pauvre mouleur mortuaire. » Le ton est distingué, la voix chantante. « Viens dans mon atelier, tu comprendras mieux. »

Sept heures du soir. Tout en marchant sur le boulevard du Montparnasse, il me raconte avec passion sa vie d'artiste de cabaret de la rive Gauche dans les années soixante en compagnie de Philippe Clay, Brel, Pierre Perret... Au Port-Salut, il moulait, des nuits entières, les têtes des clients. De comédien, il était devenu tout naturellement mouleur et, plus tard, réparateur des corps abîmés. Une véritable mission. « Fais pas attention à l'odeur, c'est la résine pour les masques. » L'atelier, au fond d'une cour, est petit, éclairé par une grande verrière. À l'entrée, le corps moulé d'une jeune femme nue aux seins menus et à la tête de monstre aux yeux de braise. Elle tient entre ses doigts fragiles un chandelier en forme de corps d'homme. Aux murs, des dizaines de visages moulés. Je reconnais Bourvil, Sylvie Vartan, Johnny Hallyday, Françoise Hardy, Yves Montand... Et partout,

dâtres trempent. Délicieux frisson.

À la fois temple de Thanatos, boutique de brocanteur, cabinet du docteur Mabuse, l'atelier est à l'image de l'artiste : double. Un côté docteur Jekyll pour les étudiants qui viennent apprendre la sculpture classique, un côté Mr Hyde pour les amateurs de curiosités artistiques et d'histoires macabres. Tenant dans ses mains le bras moulé de Salvador Dali dont il a été le nègre pendant deux ans, Jean-Pierre explique sa passion dévorante pour les moulages mortuaires, un brin d'humour au coin des lèvres : « Je travaille sur le visage. Les familles m'appellent après un accident ou un suicide. Mon boulot, c'est de rendre présentable la marchandise pour les obsèques et le Grand Voyage. Je traite les cadavres avec tendresse. Je restaure les gueules, je recolle les morceaux, je cache les misères, les blessures. »

J'apprends ainsi que masquer une petite coupure coûte 1 500 F et qu'une restauration complète du visage revient à 8 000 F. Dans ce genre d'activité, le client est roi. Avis aux amateurs. Jean-Pierre parle avec conviction, le regard se fait plus perçant, professionnel. Il me pince la joue et rit : « Masque d'or pour toi. » Je n'en saurai pas plus. Il est temps pour moi de partir.

L'aventure ne fait que commencer. Deux jours plus tard, je pousse la petite porte du cabi-

Dans l'atelier de Jean-Pierre Maury.

net de curiosités de Jacques Casanova dans le jardin du palais Royal. Autre lieu, autre ambiance. La boutique fait penser à un boudoir du XVIIIe siècle, une antichambre de l'amour d'où surgiraient de délicieuses marquises. Casanova trône derrière son comptoir érotique. Il époussette avec délicatesse des statuettes féminines. Ici, on ne consomme pas, on tremble pour la vertu et les bonnes manières.

Le gardien de la boutique a soixante-cinq ans et une passion dévorante: les femmes, auxquelles il voue un culte depuis des dizaines d'années. Comme dans toute liturgie, il y a les objets et, dans la galerie de Casanova, il y en a des milliers qui honorent tous, de près ou de loin, le corps de la femme. Les murs sont gorgés de fesses et de chairs dénudées. Une collection folle de collages érotiques, de sexes en toile de jute, de phallus sculptés, de têtes grotesques...

D'une voix douce et chaleureuse, Casanova raconte, caressant un sexe en ivoire : « Je m'amuse beaucoup, vous savez. Chaque année j'organise deux ou trois expositions. Il y a toujours un thème. Par exemple, l'année dernière l'expo s'appelait Détournements mineurs. Une vingtaine d'artistes y ont participé, des inconnus comme des connus tels que Borowczyk et Nicollet. Il s'agissait de détourner le sens d'objets familiers, quotidiens. Ce fut un succès. »

Je comprends vite que les jeux de Casanova s'inspirent plutôt du Kama Sutra que de la Bible. Je touche une femme à tête d'éléphant posée sur le comptoir. Je frémis. J'ouvre en toute innocence un évangéliaire orné de scènes religieuses : surprise, un couple de libertins fait l'amour rageusement sous les yeux impudiques d'un enfant de chœur en porte-jarretelles. Casanova me regarde, une lueur ironique dans l'œil. Chaque objet a son histoire, comme ce prie-Dieu fabriqué par un surveillant de lycée. Meuble à double fond, il cache un sexe dressé en bois. J'imagine un usage frénétique dans les nuits interdites des pensionnats. Casanova me raccompagne à la porte : « Les gens ont deux vies. Je leur permets de montrer celle qu'ils cachent dans la noirceur de leur âme. » Sur ces bonnes paroles, je traverse rapidement la cour des colonnes de Buren. Le ciel de Paris est bleu et je respire.

J'ai un autre rendez-vous. Boulevard de Sébastopol. Immeuble en pierre de taille, longs couloirs modernes et une grande porte en chêne. Jean-Paul Favand m'attend. La quarantaine élégante, tout vêtu de noir, les cheveux coiffés en catogan, il m'invite à entrer dans son salon. Il y a du monde. Des amis, des curieux, des admirateurs. Le magnétisme de Favand est grand, le mystère du personnage aussi.

Sur la cheminée rayonne le buste du diable et pas n'importe lequel, celui de Méphistophélès en personne, saisissante sculpture de Morelli en albâtre, bronze et marbre, aux yeux en rubis véritables. Dans un coin, sous une toile de Druillet, une table d'astrologue. Je m'assois dans un fauteuil de pouvoir. A portée de main, des dizaines de cannes de sorcier ornées de visages monstrueux, déformés, hilares. Cet appartement est certainement un des hauts lieux de l'art diabolique de Paris.

Jean-Paul Favand marche de long en large et parle : « Je collectionne, c'est tout. Et collectionner les objets, c'est une façon pour moi de communiquer avec ceux qui m'entourent. » Une forme de spectacle aussi, quand on sait qu'il est le plus grand collectionneur d'art forain d'Europe.

C'est à l'occasion d'une grande fête dans ses entrepôts de Gentilly que je l'avais rencontré. Une fête en l'honneur de tous les artistes gitans du monde. Les carrousels ressuscités tournoyaient dans la nuit, à la grande joie des enfants. Comme Favand est un prince, le champagne coulait à flots. Une façon seigneuriale d'honorer les artistes qui avaient décoré, peint, sculpté pendant des dizaines d'années, dans l'anonymat le plus total, chevaux de bois, gondoles, frontons de baraques, manèges, orgues, têtes de massacre...

Jean-Paul Favand dans son cabinet diabolique.

« Méphistophélès » (Collection Jean-Paul Favand).

Bibliothèque des curieux

Un choix de livres, surprenant, subjectif. Celui d'une bibliothèque qui n'est pas finie et qui m'a accompagné sur les chemins de traverse de l'art. Une bibliothèque ambulante, celle que l'on feuillette fiévreusement sur une lointaine route.

Inspirés et archi-sculpteurs

Les Inspirés et leurs demeures.
Gilles Ehrmann, éditions Le Temps, 1961. Fine et précieuse galerie des grands ancêtres, bâtisseurs et artistes de l'art insolite, redécouvrant au début des années soixante le meunier de Lacoste qui parsema de statues archaïques la colline dominant les ruines du château du marquis de Sade, l'abbé Fourré, ermite et sculpteur de légendes de pirates sur des rochers bretons, Gaston Chaissac, le génial cordonnier vendéen... Un livre culte, sans doute un des premiers à recenser les environnements d'art brut.

L'Art brut.
Michel Thévoz, édition Skira, 1975. Le livre de référence de l'art hors-les-normes, celui qui définit « l'art des individus qui ont échappé au conditionnement social : pensionnaires des hôpitaux psychiatriques, détenus, solitaires, inadaptés et marginaux. » Un livre-manifeste qui met en perspective historique les dessins médiumniques de Victor Hugo, les dessins hallucinés, schizoïdes du Suisse Adolph Wöfli (1864-1930) et ceux d'Aloïse Corbaz (1886-1964) qui, par son obéissance absolue aux couleurs, créera pendant son enfermement psychiatrique une œuvre magistrale sur papier à dessin. Michel Thévoz est aujourd'hui conservateur du musée d'Art brut de Lausanne.

Jardins imaginaires.
B. Lassus, les Presses de la Connaissance, 1977. Exploration systématique des jardins imaginaires créés par des artistes qui échappent à l'influence des circuits culturels classiques. Comme une «Présence exubérante» qui conteste les environnements gris des banlieues.

Les Inspirés du bord des routes.
J. Lacarrière et J. Verroust, éditions du Seuil, 1978. Promenade subjective de deux amateurs d'édifices singuliers à travers la France.

Les Singuliers de l'art.
Collectif, Arc 2, musée d'Art moderne de la Ville de Paris, 1978. Catalogue de la première grande exposition française sur les artistes marginaux de l'art populaire, qui découvrira des artistes qui deviendront plus tard les maîtres de l'art insolite français. On peut citer Jean-Joseph Sanfourche et ses pierres talismaniques, Francis Marshall et ses bourrages fantasmagoriques, Ciska Lallier et ses meubles et sacs à fantasmes, et Chomo,le grand visionnaire de l'art préludien.

L'Architecture insolite.
Bernard Rudofsky, éditions Tallandier, 1979. Rudofsky approfondit l'architecture vernaculaire, passant des villages flottants de Chine aux maisons des Dogons, aux troglodytes du bassin méditerranéen et aux curieuses demeures arboricoles de l'Orénoque. Un panorama extravagant de l'architecture humaine, animale et naturelle.

Les Bâtisseurs du rêve.
G.R. Collins, éditions du Chêne, Hachette, 1980. Première tentative de répertoire planétaire de l'outsider art où voisinent des visionnaires tels que Simon Rodia et ses tours de Watts près de Los Angeles, le Suisse Bruno Weber et sa maison construite selon des plans de mystérieuses civilisations, ou Edward James qui, avec l'aide de paysans, a bâti des palais et des pagodes à Xilitla, au Mexique.

Le Livre des bizarres.
Jean-Claude Carrière, éditions Robert Laffont, 1981. Un éloge de la bizarrerie. Un gros volume d'illuminés, d'excentriques anglais, d'ermites, dont les silhouettes flottent au vent du bizarre.

Jardins fantastiques.
François-Xavier Bouchart et Nadine Beauthéac, éditions du Moniteur, 1982. Neuf jardins qui ont pour point commun, à travers le temps et l'espace, d'être les créations d'aristocrates ou paysans excentriques. Une

promenade des Antilles à l'Inde, en passant par la France ou l'Italie, où l'on retrouve les joyeusetés de la mécanique de Pierre Le Vacher, le jardin des Monstres d'un prince ésotérique à Bomarzo, et le Rock Garden de Nek Chand à Chandigarh.

GUIDE DE L'ART INSOLITE. NORD/PAS-DE-CALAIS,
Francis David, éditions Herscher, 1984. Voyage sociologique d'un jeune photographe dans le nord de la France, au pays des jardins d'art brut de maçons ou de mineurs. On y rencontre Charles Pecqueur à Ruitz, Achille Grimopront à Halluin, Bodan Litnanski à Viry-Noureuil...

JEAN DUBUFFET.
Laurent Danchin, éditions la Manufacture, 1988. Un portrait iconoclaste du peintre-philosophe Jean Dubuffet, inventeur de l'Hourloupe et de l'art brut qui créa, en 1948, la Compagnie de l'art brut, avec André Breton et Jean Paulhan. Celui qui est considéré, avec Matisse et Picasso, comme l'un des plus grands peintres du xxe siècle, publiera, en 1949, *L'Art brut préféré aux arts culturels.*

OUTSIDERS, FOUS, NAIFS ET VOYANTS DANS LA PEINTURE MODERNE (1880-1960).
Christian Delacampagne, éditions Mengès, 1989. Vue croisée des bâtisseurs d'édifices singuliers comme le facteur Cheval et des peintres naïfs comme Henri Rousseau. Examen critique de l'irruption des exclus dans le monde de l'art.

LES BÂTISSEURS DE L'IMAGINAIRE.
Claude et Clovis Prévost, éditions de l'Est, 1990. Portrait des plus grands archi-sculpteurs du xxe siècle. Remarquable documentation photographique.

LES EXCENTRIQUES DU PAYS AUX BOIS.
Joe Ryczko, éditions Plein Chant, 1991. Une façon originale et tendre de découvrir des artistes solitaires qui ont planté leurs extravagances autour de leur maison, dans la campagne, au fond des bois entre Fumel et Sauveterre. « Un art qui a pris le maquis, qui perche haut, se planque dans les garrigues, se claquemure dans les pavillons de banlieue », loin de l'agitation des tour-opérateurs.

LE PALAIS DU FACTEUR CHEVAL.
Marc Feroli, éditions Glénat, 1991. Un des meilleurs protraits du facteur Cheval. Une étude minutieuse qui met en perspective le travail d'un archi-sculpteur du début du xxe siècle.

DU FACTEUR CHEVAL À L'ART MODERNE.
Pierre Chazaud, éditions du Mandala, 1991. La place des marginaux, des voyants et des fous dans l'art du xxe siècle, avec une recherche des causes de l'art insolite et de sa généalogie.

REVUES

LES CAHIERS D'OZENDA.
Dirigés par Claude Caire, à Salernes.

LES FRICHES DE L'ART.
Un magazine de fabrication artisanale, spécialisé dans le sud-ouest de la France, réalisé de manière originale par Joe Ryczko à Libourne.

GAZOGÈNE.
Le plus petit magazine international de l'art insolite, édité par un fou de singuliers, Jean-François Maurice, à Cahors.

CRÉATION FRANCHE.
Le magazine de Gérard Sendrey, à Bègles, réunit des articles de différents auteurs spécialisés dans le domaine de la Neuve Invention.

RAW VISION.
Le magazine international des artistes singuliers de la planète, dirigé par John Maizels (Londres) et publié en anglais avec un supplément en français.

DU CÔTÉ DES POÈTES

L'ART MAGIQUE, André Breton, éditions Phébus, 1957.
LE MIROIR DU MERVEILLEUX, Pierre Mabille, éditions de Minuit, 1962.
CATALOGUE D'OBJETS INTROUVABLES, Jacques Carelman, éditions Balland, 1969.
L'ÉCRITURE DES PIERRES, Roger Caillois, éditions d'art Albert Skira, 1970.
UN CABINET D'AMATEUR, Georges Perec, éditions Balland, 1979.
LA GUERRE DU FAUX, Umberto Eco, éditions Grasset et Fasquelle, 1985.
COLLECTION DE SABLE, Italo Calvino, éditions du Seuil, 1986.

INDEX

APPELLATION DES LIEUX

NOM DES ARTISTES

nom des villes

INDEX

Index

INDEX

Crédits Photographiques

Couverture: Nicole Chatelier.

Claude Arz: p. 53.

Jean-Michel Baptiste: pp. 47, 52, 116.

Nicole Chatelier : pp. 19, 20, 21, 29, 30-31, 33, 34, 35, 36-37, 39, 40, 42, 43, 44, 46, 48, 49, 51, 54, 55, 56, 57, 58, 59, 60, 61, 62, 67, 68-69, 71, 73, 74, 75, 76, 77, 78-79, 81, 82, 83, 84-85, 86, 87, 88, 89, 91, 93, 95, 96, 97, 98-99, 101, 105, 106-107, 108, 110, 111, 113, 114, 115, 119, 120-121, 122, 124, 126, 127, 128-129, 131, 132, 133, 134, 135, 136-137, 138, 139, 145, 146, 147, 148, 149, 157, 159, 161, 162, 164, 166, 169, 171, 172, 174, 178-179, 180, 181, 183, 185.

Chop : pp. 64-65.

M. Fenoli - L. Nivon : pp. 23, 24-25, 26.

Sophie Gaury : pp. 152, 153.

Philippe Mory : p. 151.

Jean-Paul Vidal : 102, 103, 125, 140, 143, 182.

Conception graphique : François Huertas

Imprimé en France
par CLERC S.A. - 18200 Saint-Amand-Montrond
Dépôt légal : 2887 - octobre 1994
I.S.B.N. : 2.01.242120.2
24.11.2120.01.4
Collection : 11 Édition : 01